LES AMOURS

DE PSYCHÉ

ET

DE CUPIDON.

LES AMOURS
DE PSYCHÉ
ET DE CUPIDON,

SUIVIES D'ADONIS, POËME.

PAR

JEAN DE LA FONTAINE.

NOUVELLE ÉDITION ORNÉE DE 26 FIGURES DE BOREL
GRAVÉES EN COULEURS PAR VIGNA-VIGNERON.

PRÉFACE DE JULES CLARETIE,
De l'Académie Française.

LIVRE SECOND.

A PARIS,
LIBRAIRIE THÉOPHILE BELIN,
29, QUAI VOLTAIRE, 29
M. DCCC. XCIX.

Les Amours de Psyché et de Cupidon

par

Jean de La Fontaine

Illustrations de A. Borel

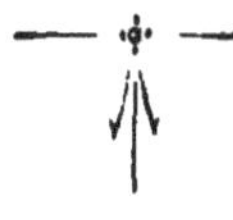

2ème Partie

LES AMOURS
DE PSYCHÉ
ET
DE CUPIDON.

LIVRE SECOND.

La criminelle Psyché n'eut pas l'assurance de dire un mot. Elle se pouvoit jeter à genoux devant son mari, elle lui pouvoit conter comme la chose s'étoit passée; et si elle n'eût justifié entièrement son dessein, elle en auroit du moins rejeté la faute sur ses deux sœurs : en tout cas elle pouvoit demander pardon, prosternée aux pieds de l'Amour, les lui embrassant avec des marques de repentir, et les lui mouillant de ses larmes. Il y avoit outre cela un parti à prendre; c'étoit de relever le poignard par la pointe, et le présenter à son mari en lui découvrant son sein et en l'invitant de percer un cœur qui s'étoit révolté contre lui. L'étonnement et sa conscience lui ôterent l'usage de la parole et celui des sens : elle demeura immobile, et, baissant les yeux, elle attendit avec des transes mortelles sa destinée.

Cupidon, outré de colere, ne sentit pas la moitié du mal que la goutte d'huile lui auroit fait dans un autre temps. Il jeta quelques regards foudroyants sur la malheureuse Psyché; puis, sans lui faire seulement la grace de lui reprocher son crime, ce Dieu s'envola, et le palais disparut. Plus de Nymphes, plus de Zéphyre : la pauvre épouse se trouva seule sur le rocher, demi-morte, pâle, tremblante, et tellement possédée de son excessive douleur, qu'elle demeura long-temps les yeux attachés à terre sans se connoître, et sans prendre garde qu'elle étoit nue. Ses habits de fille étoient à ses pieds; elle avoit les yeux dessus, et ne les appercevoit pas.

Cependant l'Amour étoit demeuré dans l'air, afin de voir à quelles extrémités son épouse seroit réduite, ne voulant pas qu'elle se portât à aucune violence contre sa vie, soit que le courroux du Dieu n'eût pas éteint tout-à-fait en lui la compassion, soit qu'il réservât Psyché à de longues peines, et à quelque chose de plus cruel que de se tuer soi-même. Il la vit tomber évanouie sur la roche dure : cela le toucha, mais non jusqu'au point de l'obliger à ne se plus souvenir de la faute de son épouse.

Psyché ne revint à soi de long-temps après. La premiere pensée qu'elle eut, ce fut de courir à un précipice. Là, considérant les abymes, leur profondeur, les pointes des rocs toutes prêtes à la mettre en pieces; et levant quelquefois les yeux vers la Lune qui l'éclairoit : Sœur du Soleil, lui dit-elle, que l'horreur du crime ne t'empêche pas de me regarder : sois témoin du désespoir d'une malheureuse; et fais-moi la grace de raconter à celui que j'ai offensé les circonstances de mon trépas, mais ne les raconte point aux personnes dont je tiens le jour. Tu vois dans ta course des misérables; dis-moi, y en a-t-il un de qui l'infortune ne soit légere au prix de la mienne? Rochers élevés, qui serviez naguere de fondements à un palais dont j'étois maîtresse, qui auroit dit que la nature vous eût formés pour me servir maintenant à un usage si différent?

A ces mots elle regarda encore le précipice; et en même temps la mort se montra à elle sous sa forme la plus affreuse. Plusieurs fois elle voulut s'élancer, plusieurs fois aussi un sentiment naturel l'en empêcha. Quelles sont, dit-elle, mes destinées! j'ai quelque beauté; je suis jeune; il n'y a qu'un moment que je possédois le plus agréable de tous les Dieux, et je vas mourir! je me vas moi-même donner la mort! faut-il que l'Aurore ne se leve plus pour Psyché! quoi! voilà les derniers instants qui me sont donnés par les Parques! Encore si ma nourrice me fermoit les yeux! si je n'étois point privée de la sépulture!

Ces irrésolutions et ces retours vers la vie, qui font la peine de ceux qui meurent, et dont les plus désespérés ne sont pas exempts, entretinrent un cruel combat dans le cœur de notre héroïne. Douce lumiere, s'écria-t-elle, qu'il est difficile de te quitter! Hélas! en quels lieux irai-je quand je me serai bannie moi-même de ta présence? Charitables filles d'enfer, aidez-moi à rompre les nœuds qui m'attachent; venez, venez me représenter ce que j'ai perdu.

Alors elle se recueillit en elle-même; et l'image de son malheur, étouffant enfin ce reste d'amour pour la vie, l'obligea de s'élancer avec tant de promptitude et de violence, que le Zéphyre, qui l'observoit et qui avoit ordre de l'enlever quand le comble du désespoir l'auroit amenée à ce point, n'eut presque pas le loisir d'y apporter le remede. Psyché n'étoit plus, s'il eût attendu encore un moment. Il la retira du gouffre; et, lui faisant prendre un autre chemin dans les airs que celui qu'elle avoit choisi, il l'éloigna de ces lieux funestes, et l'alla poser avec ses habits sur le bord d'un fleuve dont la rive, extraordinairement haute et fort escarpée, pouvoit passer pour un précipice encore plus horrible que le premier.

C'est l'ordinaire des malheureux d'interpréter toutes choses sinistrement. Psyché se mit en l'esprit que son époux, outré de ressentiment, ne l'avoit fait transporter sur le bord d'un fleuve qu'afin qu'elle se noyât; ce genre de mort étant plus capable de le satisfaire que l'autre, parcequ'il étoit plus lent, et par conséquent plus cruel. Peut-être même ne falloit-il pas qu'elle souillât de sang ces rochers. Savoit-elle si son mari ne les avoit point destinés

.. Naïs & Cimodocé la tenoient entre leurs bras...

à un usage tout opposé? Ce pouvoit être une retraite amoureuse où l'Infant de Cypre, craignant sa mere, logeoit secrètement ses maîtresses, comme il y avoit logé son épouse; car le lieu étoit écarté et inaccessible : ainsi elle auroit commis un sacrilege si elle avoit fait servir à son désespoir ce qui ne servoit qu'aux plaisirs.

Voilà comme raisonnoit la pauvre Psyché, ingénieuse à se procurer du mal, mais bien éloignée de l'intention qu'avoit eue l'Amour, à qui cet endroit où la Belle se trouvoit alors étoit venu fortuitement dans l'esprit, ou qui peut-être l'avoit laissé à la discrétion du Zéphyre. Il vouloit la faire souffrir; tant s'en faut qu'il exigeât d'elle une mort si prompte. Dans cette pensée il défendit au Zéphyre de la quitter, pour quelque occasion que ce fût, quand même Flore lui auroit donné un rendez-vous, tant que cette premiere violence eût jeté son feu.

Je me suis étonné cent fois comme le Zéphyre n'en devint pas amoureux. Il est vrai que Flore a bien du mérite : puis de courir sur les pas d'un maître, et d'un maître comme l'Amour, c'eût été à lui une perfidie trop grande, et même inutile.

Le Zéphyre ayant donc l'œil incessamment sur Psyché, et lui voyant regarder le fleuve d'une maniere toute pitoyable, il se douta de quelque nouvelle pensée de désespoir; et, pour n'être pas surpris encore une fois, il en avertit aussitôt le Dieu de ce fleuve, qui, de bonne fortune, tenoit sa cour à deux pas de là, et qui avoit alors auprès de lui la meilleure partie de ses Nymphes.

Ce Dieu étoit d'un tempérament froid, et ne se soucioit pas beaucoup d'obliger la Belle ni son mari. Néanmoins la crainte qu'il eut que les poëtes ne le diffamassent si la premiere Beauté du monde, fille de roi, et femme d'un Dieu, se noyoit chez lui, et ne l'appelassent frere du Styx; cette crainte, dis-je, l'obligea de commander à ses Nymphes qu'elles recueillissent Psyché, et qu'elles la portassent vers l'autre rive, qui étoit moins haute et plus agréable que celle-là, près de quelque habitation. Les Nymphes lui obéirent avec beaucoup de plaisir. Elles se rendirent toutes à l'endroit où étoit la Belle, et se cacherent sous le rivage.

Psyché faisoit alors des réflexions sur son aventure, ne sachant que conjecturer du dessein de son mari, ni à quelle mort se résoudre. A la fin, tirant de son cœur un profond soupir : Eh bien! dit-elle, je finirai ma vie dans les eaux : veuillent seulement les Destins que ce supplice te soit agréable! Aussitôt elle se précipita dans le fleuve, bien étonnée de se voir incontinent entre les bras de Cymodocé et de la gentille Naïs. Ce fut la plus heureuse rencontre du monde. Ces deux Nymphes ne faisoient presque que de la quitter : car l'Amour en avoit choisi de toutes les sortes et dans tous les chœurs pour servir de filles d'honneur à notre héroïne pendant le temps bienheureux où elle avoit part aux affections et à la fortune d'un Dieu.

Cette rencontre, qui devoit du moins lui apporter quelque consolation, ne lui apporta au contraire que du déplaisir. Comment se résoudre sans mourir à paroître ainsi malheureuse et abandonnée devant celles qui la servoient il n'y avoit pas plus d'une heure? telle est la folie de l'esprit humain; les personnes nouvellement déchues de quelque état florissant fuient les gens qui les connoissent, avec plus de soin qu'elles n'évitent les étrangers, et préferent souvent la mort au service qu'on leur peut rendre. Nous supportons le malheur, et ne saurions supporter la honte.

Je ne vous assurerai pas si ce fleuve avoit des Tritons, et ne sais pas bien si c'est la coutume des fleuves que d'en avoir. Ce que je vous puis assurer c'est qu'aucun Triton n'approcha de notre héroïne. Les seules Naïades eurent cet honneur. Elles se pressoient si fort autour de la Belle que mal-aisément un Triton y eût trouvé place. Naïs et Cymodocé la tenoient entre leurs bras, tandis que d'abattement et de lassitude elle se laissoit aller la tête languissamment, tantôt sur l'une, tantôt sur l'autre, arrosant leur sein tour-à-tour avec ses larmes.

Aussitôt qu'elle fut à bord, ces deux Nymphes, qui avoient été du nombre de ses favorites, comme prudentes et discretes entre toutes les Nymphes du monde, firent signe à leurs compagnes de se retirer; et ne diminuant rien du respect avec lequel elles la servoient pendant sa fortune, elles prirent ses habits des mains du Zéphyre, qui se retira aussi, et demanderent à Psyché si elle ne vouloit pas bien qu'elles eussent l'honneur de l'habiller encore une fois. Psyché se jeta à leurs pieds pour toute réponse, et les leur baisa.

Cet abaissement excessif leur causa beaucoup de confusion et de pitié. L'Amour même en fut touché plus que de pas une chose qui fût arrivée à notre héroïne depuis sa disgrace. Il ne l'avoit point quittée de vue, recevant quelque satisfaction à l'aspect du mal qu'elle se faisoit; car cela ne pouvoit partir que d'un bon principe. Cupidon goûtoit dans les airs ce cruel plaisir. Le battement de ses ailes obligea Naïs et Cymodocé de tourner la tête : elles apperçurent le Dieu; et par considération tout au moins autant que par respect, mais principalement pour faire plaisir à la Belle, elles se retirerent à leur tour.

Eh bien! Psyché, dit l'Amour, que te semble de ta fortune? est-ce impunément que l'on veut tuer le maître des Dieux? il te tardoit que tu te fusses détruite : te voilà contente; tu sais comme je suis fait, tu m'as vu : mais de quoi cela te peut-il servir? je t'avertis que tu n'es plus mon épouse.

Jusque-là la pauvre Psyché l'avoit écouté sans lever les yeux : à ce mot d'épouse elle dit : Hélas! je suis bien éloignée de prendre cette qualité; je n'ose seulement espérer que vous me recevrez pour esclave. Ni mon esclave non

C'etoit un tronc à demi pourri, avec deux batons de ſaule pour garde-fous.

Th. Belin exc

plus, reprit l'Amour; c'est de ma mere que tu l'es; je te donne à elle. Et garde-toi bien d'attenter contre ta vie; je veux que tu souffres, mais je ne veux pas que tu meures; tu en serois trop tôt quitte. Que si tu as dessein de m'obliger, venge-moi de tes deux démons de sœurs; n'écoute ni considération du sang ni pitié; sacrifie-les-moi. Adieu, Psyché; la brûlure que cette lampe m'a faite ne me permet pas de t'entretenir plus long-temps.

Ce fut bien là que l'affliction de notre héroïne reprit des forces. Exécrable lampe! maudite lampe! avoir brûlé un Dieu si sensible et si délicat! qui ne sauroit rien endurer! l'Amour! Pleure, pleure, Psyché; ne te repose ni jour ni nuit : cherche sur les monts et dans les vallées quelque herbe pour le guérir, et porte-la lui. S'il ne s'étoit point tant pressé de me dire adieu, il verroit l'extrême douleur que son mal me fait, et ce lui seroit un soulagement : mais il est parti! il est parti sans me laisser aucune espérance de le revoir!

Cependant l'Aurore vint éclairer l'infortune de notre Belle, et amena ce jour-là force nouveautés. Vénus, entre autres, fut avertie de ce qui étoit arrivé à Psyché; et voyez comme les choses se rencontrent. Les médecins avoient ordonné à cette Déesse de se baigner pour des chaleurs qui l'incommodoient. Elle prenoit son bain dès le point du jour, puis se recouchoit. C'étoit dans ce fleuve qu'elle se baignoit d'ordinaire, à cause de la qualité de ses eaux refroidissantes. Je pense même vous avoir dit que le Dieu du fleuve en tenoit un peu. Une oie babillarde qui savoit ces choses, et qui, se trouvant cachée entre des glaïeuls, avoit vu Psyché arriver à bord, et avoit entendu ensuite les reproches de son mari, ne manqua pas d'aller redire à Vénus toute l'aventure de point en point. Vénus ne perd point de temps; elle envoie gens de tous les côtés, avec ordre de lui amener morte ou vive Psyché son esclave.

Il s'en fallut peu que ces gens ne la rencontrassent. Dès que son époux l'eut quittée elle s'habilla, ou, pour mieux parler, elle jeta sur soi ses habits : c'étoient ceux qu'elle avoit quittés en se mariant, habits lugubres et commandés par l'oracle, comme vous pouvez vous en souvenir. En cet état elle résolut d'aller par le monde cherchant quelque herbe pour la brûlure de son mari, puis de le chercher lui-même.

Psyché n'eut pas marché une demi-heure qu'elle crut appercevoir un peu de fumée qui sortoit d'entre des arbres et des rochers. C'étoit l'habitation d'un pêcheur, située au penchant d'un mont où les chevres mêmes avoient de la peine à monter. Ce mont, revêtu de chênes aussi vieux que lui, et tout plein de rocs, présentoit aux yeux quelque chose d'effroyable, mais de charmant. Le caprice de la nature ayant creusé deux ou trois de ces rochers qui étoient voisins l'un de l'autre, et leur ayant fait des passages de communication et d'issue, l'industrie humaine avoit achevé cet ouvrage, et en avoit fait la demeure d'un bon vieillard et de deux jeunes bergeres. Encore que Psyché, dans ces commencements, fût timide et appréhendât la moindre rencontre, si est-ce qu'elle avoit besoin de s'enquérir en quelle contrée elle étoit, et si on ne savoit point une composition, une racine, ou une herbe pour la brûlure de son mari.

Elle adressa donc ses pas vers le lieu où elle avoit vu cette fumée, ne découvrant aucune habitation que celle-là de quelque côté que sa vue se pût étendre. Il n'y avoit point d'autre chemin pour y aller qu'un petit sentier tout bordé de ronces. De moyen de les détourner elle n'en avoit aucun; de façon qu'à chaque pas les épines lui déchiroient son habit, quelquefois la peau, sans que d'abord elle le sentît : l'affliction suspendoit en elle les autres douleurs. A la fin son linge qui étoit mouillé, le froid du matin, les épines et la rosée commencerent à l'incommoder. Elle se tira d'entre ces halliers le mieux qu'elle put; puis un petit pré, dont l'herbe étoit encore aussi vierge que le jour qu'elle naquit, la mena jusque sur le bord d'un torrent. C'étoit un torrent et un abyme. Un nombre infini de sources s'y précipitoient par cascades du haut du mont, puis, roulant leurs eaux entre des rochers, formoient un gazouillement à-peu-près semblable à celui des catadupes du Nil.

Psyché, arrêtée tout court par cette barriere, et d'ailleurs extrêmement abattue tant de la douleur que du travail, et pour avoir passé sans dormir une nuit entiere, se coucha sous des arbrisseaux que l'humidité du lieu rendoit fort touffus. Ce fut ce qui la sauva.

Deux satellites de son ennemie arriverent un moment après en ce même endroit. La ravine les empêcha de passer outre : ils s'arrêterent quelque temps à la regarder, avec un si grand péril pour Psyché, que l'un d'eux marcha sur sa robe; et croyant la Belle aussi loin de lui qu'elle en étoit près, il dit à son camarade : Nous cherchons ici inutilement; ce ne sauroient être que des oiseaux qui se réfugient dans ces lieux : nos compagnons seront plus heureux que nous, et je plains cette personne s'ils la rencontrent; car notre maîtresse n'est pas telle qu'on s'imagine : il semble à la voir que ce soit la douceur même; mais je vous la donne pour une femme vindicative et aussi cruelle qu'il y en ait. On dit que Psyché lui dispute la prééminence des charmes : c'est justement le moyen de la rendre furieuse, et d'en faire une lionne à qui on a enlevé ses petits : sa concurrente fera fort bien de ne pas tomber entre ses mains.

Psyché entendit ces mots fort distinctement, et rendit graces au hasard, qui, en lui donnant des frayeurs mortelles, lui donnoit aussi un avis qui n'étoit nullement à négliger. De bonheur pour elle ces gens partirent presque aussitôt.

A peine étoit-elle revenue de sa frayeur, que, sur

l'autre bord de la ravine, un nouveau spectacle lui causa de l'étonnement. La vieillesse en propre personne lui apparut chargée de filets, et en habit de pêcheur : les cheveux lui pendoient sur les épaules et la barbe sur la ceinture. Un très beau vieillard, et blanc comme un lis, mais non pas si frais, se disposoit à passer. Son front étoit plein de rides, dont la plus jeune étoit presque aussi ancienne que le déluge. Aussi Psyché le prit pour Deucalion; et se mettant à genoux : Pere des humains, lui cria-t-elle, protégez-moi contre des ennemis qui me cherchent.

Le vieillard ne répondit rien : la force de l'enchantement le rendit muet. Il laissa tomber ses filets, s'oubliant soi-même aussi bien que s'il eût été dans son plus bel age, oubliant aussi le danger où il se mettroit d'être rencontré par les ennemis de la Belle, s'il alloit la prendre sur l'autre bord. Il me semble que je vois les vieillards de Troie qui se préparent à la guerre en voyant Hélene. Celui-ci ne se soucioit pas de périr, pourvu qu'il contribuât à la sûreté d'une malheureuse comme la nôtre. Le besoin pressant qu'on avoit de son assistance lui fit remettre au premier loisir les exclamations ordinaires dans ces rencontres. Il passa du côté où étoit Psyché; et l'aborda de fort bonne grace et avec respect, comme un homme qui savoit faire autre chose que de tromper les poissons.

Belle princesse, dit-il, car à vos habits c'est le moins que vous puissiez être, réservez vos adorations pour les

Dieux. Je suis un mortel qui ne possede que ces filets, et quelques petites commodités dont j'ai meublé deux ou trois rochers sur le penchant de ce mont. Cette retraite est à vous aussi bien qu'à moi : je ne l'ai point achetée; c'est la nature qui l'a bâtie. Et ne craignez pas que vos ennemis vous y cherchent : s'il y a sur terre un lieu d'assurance contre les poursuites des hommes, c'est celui-là : je l'éprouve depuis long-temps.

Psyché accepta l'asyle. Le vieillard la fit descendre dans la ravine, marchant devant elle, et lui enseignant à poser le pied tantôt sur cet endroit-là, tantôt sur cet autre; non sans péril : mais la crainte donne du courage. Si Psyché n'eût point fui Vénus, elle n'auroit jamais osé faire ce qu'elle fit.

La difficulté fut de traverser le torrent qui couloit au fond. Il étoit large, creux, et rapide. Où es-tu, Zéphyre? s'écria Psyché. Mais plus de Zéphyre : l'Amour lui avoit donné congé, sur l'assurance que notre héroïne n'oseroit attenter contre elle, puisqu'il le lui avoit défendu, ni faire chose qui lui déplût. En effet, elle n'avoit garde. Un pont portatif que le vieillard tiroit après soi sitôt qu'il étoit passé suppléa à ce défaut. C'étoit un tronc à demi pourri, avec deux bâtons de saule pour garde-fous. Ce tronc se posoit sur deux gros cailloux qui servoient de bordages à l'eau en cet endroit-là. Psyché passa donc, et n'eut pas plus de peine à remonter qu'elle en avoit eu à descendre.

De nouveaux obstacles se présenterent. Il falloit encore grimper, et grimper par dedans un bois si touffu que l'ombre éternelle n'est pas plus noire. Psyché suivoit le vieillard et le tenoit par l'habit. Après bien des peines, ils arriverent à une petite esplanade assez découverte et employée à divers offices; c'étoient les jardins, la cour principale, les avant-cours et les avenues de cette demeure. Elle fournissoit des fleurs à son maître, un peu de fruits, et d'autres richesses du jardinage.

De là ils monterent à l'habitation du vieillard par des degrés et par des perrons qui n'avoient point eu d'autre architecte que la nature : aussi tenoient-ils un peu du toscan, pour en dire la vérité. Ce palais n'avoit pour toit que cinq ou six arbres d'une prodigieuse hauteur dont les racines cherchoient passage entre les voûtes de ces rochers.

Là deux jeunes bergeres assises voyoient paître à dix pas d'elles cinq ou six chevres, et filoient de si bonne grace, que Psyché ne se put tenir de les admirer. Elles avoient assez de beauté pour ne se pas voir méprisées par la concurrente de Vénus. La plus jeune approchoit de quatorze ans, l'autre en avoit seize. Elles saluerent notre héroïne d'un air naïf, et pourtant fort spirituel, quoiqu'un peu de honte l'accompagnât. Mais ce qui fit principalement que Psyché crut trouver de l'esprit en elles, ce fut l'admiration qu'elles témoignerent en la regardant. Psyché les baisa, et leur fit un petit compliment champêtre, dans lequel elle les louoit de beauté et de gentillesse : à quoi elles répondirent par l'incarnat qui leur monta aussitôt aux joues.

Vous voyez mes petites filles, dit le vieillard à Psyché : leur mere est morte depuis six mois. Je les éleve avec un aussi grand soin que si ce n'étoient pas des bergeres. Le regret que j'ai, c'est que n'ayant jamais bougé de cette montagne, elles sont incapables de vous servir. Souffrez toutefois qu'elles vous conduisent dans leur demeure : vous devez avoir besoin de repos.

Psyché ne se fit pas presser davantage : elle s'alla mettre au lit. Les deux pucelles la déshabillerent, avec cent signes d'admiration à leur mode quand elle avoit la tête tournée, se faisant l'une à l'autre remarquer de l'œil fort innocemment les beautés qu'elles découvroient; beautés capables de leur donner de l'amour, et d'en donner, s'il faut ainsi dire, à toutes les choses du monde. Psyché avoit pris leur lit : couchée proprement sous du linge jonché de roses, l'odeur de ces fleurs, ou la lassitude, ou d'autres secrets dont Morphée se sert, l'assoupirent incontinent. J'ai toujours cru, et le crois encore, que le sommeil est une chose invincible. Il n'y a procès, ni affliction, ni amour qui tienne.

Pendant que Psyché dormoit, les bergeres coururent aux fruits. On lui en fit prendre à son réveil, et un peu de lait. Il n'entroit guere d'autre nourriture en ce lieu. On

Le Vieillard présente a Psiché, une Galette des fruits &...

y vivoit à-peu-près comme chez les premiers humains, plus proprement, à la vérité, mais de viandes que la seule nature assaisonnoit.

Le vieillard couchoit en une enfonçure du rocher, sans autre tapis de pied qu'un peu de mousse étendue, et sur cette mousse l'équipage du dieu Morphée. Un autre rocher plus spacieux et plus richement meublé étoit l'appartement des deux jeunes filles. Mille petits ouvrages de jonc et d'écorce tendre y tenoient lieu de tapisserie, des plumes d'oiseaux, des festons, des corbeilles remplies de fleurs. La porte du roc servoit aussi de fenêtre, comme celles de nos balcons; et par le moyen de l'esplanade elle découvroit un pays fort grand, diversifié, agréable : le vieillard avoit abattu les arbres qui pouvoient nuire à la vue.

Une chose m'embarrasse, c'est de vous dépeindre cette porte servant aussi de fenêtre, et semblable à celle de nos balcons, en sorte que le champêtre soit conservé. Je n'ai jamais pu savoir comment cela s'étoit fait. Il suffit de dire qu'il n'y avoit rien de sauvage en cette habitation, et que tout l'étoit à l'entour.

Psyché, ayant regardé ces choses, témoigna à notre vieillard qu'elle souhaitoit de l'entretenir, et le pria de s'asseoir près d'elle. Il s'en excusa sur sa qualité de simple mortel, puis il obéit. Les deux filles se retirerent.

C'est en vain, dit notre héroïne, que vous me cachez votre véritable condition. Vous n'avez pas employé toute votre vie à pêcher, et parlez trop bien pour n'avoir jamais conversé qu'avec des poissons. Il est impossible que vous n'ayez vu le beau monde, et hanté les grands; si vous n'êtes vous-même d'une naissance au-dessus de ce qui paroît à mes yeux : votre procédé, vos discours, l'éducation de vos filles, même la propreté de cette demeure, me le font juger. Je vous prie, donnez-moi conseil. Il n'y a qu'un jour que j'étois la plus heureuse femme du monde. Mon mari étoit amoureux de moi; il me trouvoit belle. Et ce mari, c'est l'Amour. Il ne veut plus que je sois sa femme : je n'ai pu seulement obtenir de lui d'être son esclave. Vous me voyez vagabonde; tout me fait peur; je tremble à la moindre haleine du vent : hier je commandois au Zéphyre. J'eus à mon coucher une centaine de Nymphes des plus jolies et des plus qualifiées, qui se tinrent heureuses d'une parole que je leur dis, et qui baiserent en me quittant le bas de ma robe. Les adorations, les délices, la comédie, rien ne me manquoit. Si j'eusse voulu qu'un plaisir fût venu des extrémités de la terre pour me trouver, j'eusse été incontinent satisfaite. Ma félicité étoit telle que le changement des habits et celui des ameublements ne me touchoit plus. J'ai perdu tous ces avantages; et les ai perdus par ma faute et sans espérance de les recouvrer jamais : l'Amour me hait trop. Je ne vous demande pas si je cesserai de l'aimer, il m'est impossible : je vous demande aussi peu si je cesserai de vivre, ce remede m'est interdit : Garde-toi, m'a dit mon mari, d'attenter contre ta vie. Voilà les termes où je suis réduite : il m'est défendu de me soustraire à la peine. C'est bien le comble du désespoir que de n'oser se désespérer. Quand je le ferai néanmoins, quelle punition y a-t-il par-delà la mort? Me conseillez-vous de traîner ma vie dans des alarmes continuelles, craignant Vénus, m'imaginant voir à tous les moments les ministres de sa fureur? Si je tombe entre ses mains, et je ne puis m'empêcher d'y tomber, elle me fera mille maux. Ne vaut-il pas mieux que j'aille en un monde où elle n'a point de pouvoir? Mon dessein n'est pas de m'enfoncer un fer dans le sein : les Dieux me gardent de désobéir à l'Amour jusqu'à ce point-là! mais si je refuse la nourriture; si je permets à un aspic de décharger sur moi sa colere; si par hasard je rencontre de l'aconit, et que j'en mette un peu sur ma langue, est-ce un si grand crime? Tout au moins me doit-il être permis de me laisser mourir de tristesse.

Au nom de l'Amour le vieillard s'étoit levé. Quand la Belle eut achevé de parler, il se prosterna, et la traitant de Déesse, il s'alloit jeter en des excuses qui n'eussent fini de long-temps, si Psyché ne les eût d'abord prévenues, et ne lui eût commandé par tous les titres qu'il voudroit lui donner, soit de Belle, soit de Princesse, soit de Déesse, de se remettre en sa place, et de dire son sentiment avec liberté; mais que pour le mieux il laissât ces qualités qui ne faisoient rien pour la consoler, et dont il étoit libéral jusqu'à l'excès.

Le vieillard savoit trop bien vivre pour contester de cérémonies avec l'épouse de Cupidon. S'étant donc assis : Madame, dit-il, ou votre mari vous a communiqué l'immortalité, et cela étant que vous servira de vouloir mourir? ou vous êtes encore sujette à la loi commune. Or cette loi veut deux choses; l'une véritablement que nous mourions; l'autre que nous tâchions de conserver notre vie le plus long-temps qu'il nous est possible. Nous naissons également pour l'un et pour l'autre; et l'on peut dire que l'homme a en même temps deux mouvements opposés : il court incessamment vers la mort, il la fuit aussi incessamment. De violer cet instinct, c'est ce qui n'est pas permis. Les animaux ne le font pas. Y a-t-il rien de plus malheureux qu'un oiseau qui, ayant eu pour demeure une forêt agréable et toute la campagne des airs, se voit renfermé dans une cage d'un pied d'espace? cependant il ne se donne pas la mort; il chante, au contraire, et tâche à se divertir. Les hommes ne sont pas si sages : ils se désesperent. Regardez combien de crimes un seul crime leur fait commettre. Premièrement vous détruisez l'ouvrage du Ciel; et plus cet ouvrage est beau, plus le crime doit être grand : jugez donc quelle seroit votre faute. En second lieu, vous vous défiez de la Providence, ce qui est un autre crime. Pouvez-vous répondre de ce qui arrivera? Peut-être le ciel vous réserve-t-il un bonheur plus grand que celui que vous regrettez : peut-être vous réjouirez-vous bientôt du retour de votre mari, ou pour mieux dire de votre amant, car à son dépit je le juge tel. J'ai tant vu de ces amants échappés revenir incontinent, et faire satisfaction aux personnes qui leur avoient donné sujet de se plaindre; j'ai tant vu de malheureux, d'un autre côté, changer de condition et de sentiment, que ce seroit imprudence à vous de ne pas donner à la Fortune le loisir de tourner sa roue. Outre ces raisons générales, votre mari vous a défendu d'attenter contre votre vie. Ne me proposez point pour expédient de vous laisser mourir de tristesse : c'est un détour que votre propre conscience doit condamner. J'approuverois bien plutôt que vous vous perçassiez le sein d'un poignard. Celui-ci est un crime d'un moment, qui a le premier transport pour excuse; l'autre est une continuation de crimes que rien ne peut excuser. Qu'il n'y ait point de punition par-delà la mort, je ne pense pas qu'on vous ait enseigné cette doctrine. Croyez, madame, qu'il y en a, et de particulièrement ordonnées contre ceux qui jettent leur ame au vent, et qui ne la laissent pas envoler.

Mon pere, reprit Psyché, cette derniere considération fait que je me rends : car d'espérer le retour de mon mari, il n'y a pas d'apparence : je serai réduite à ne faire de ma vie autre chose que le chercher.

Je ne le crois pas, dit le vieillard. J'ose vous répondre, au contraire, qu'il vous cherchera. Quelle joie alors aurez-vous! Attendez du moins quelques jours en cette demeure. Vous pourrez vous y appliquer à la connoissance de vous-même et à l'étude de la sagesse : vous y menerez la vie que j'y mene depuis long-temps, et que j'y mene avec tant de tranquillité, que si Jupiter vouloit changer de condition contre moi je le renverrois sans délibérer.

Mais comment vous êtes-vous avisé de cette retraite? repartit Psyché : ne vous serai-je point importune si je vous prie de m'apprendre votre aventure?

Je vous la dirai en peu de mots, reprit le vieillard.

J'étois à la cour d'un roi qui se plaisoit à m'entendre, et qui m'avoit donné la charge de premier Philosophe de sa maison. Outre la faveur, je ne manquois pas de biens.

Ma famille ne consistoit qu'en une personne qui m'étoit fort chere; j'avois perdu mon épouse depuis long-temps : il me restoit une fille d'une beauté exquise, quoiqu'infiniment au-dessous des charmes que vous possédez. Je l'élevai dans des sentiments de vertu convenables à l'état de notre fortune et à la profession que je faisois. Point de coquetterie ni d'ambition; point d'humeur austere non plus. Je voulois en faire une compagne commode pour un mari, plutôt qu'une maîtresse agréable pour des amants.

Ses qualités la firent bientôt rechercher par tout ce qu'il y avoit d'illustre à la cour. Celui qui commandoit les armées du roi l'emporta. Le lendemain qu'il l'eut épousée, il en fut jaloux; il lui donna des espions et des gardes : pauvre esprit qui ne voyoit pas que si la vertu ne garde une femme, en vain l'on pose des sentinelles à l'entour! Ma fille auroit été long-temps malheureuse sans les hasards de la guerre : son mari fut tué dans un combat. Il la laissa mere d'une des filles que vous voyez, et grosse de l'autre. L'affliction fut plus forte que le souvenir des mauvais traitements du défunt, et le temps fut plus fort que l'affliction. Ma fille reprit à la fin sa gaieté, sa douce conversation, et ses charmes; résolue pourtant de demeurer veuve, voire de mourir plutôt que de tenter un second hasard. Les amants reprirent aussi leur train ordinaire : mon logis ne désemplissoit point d'importuns : le plus incommode de tous fut le fils du roi.

Ma fille, à qui ces choses ne plaisoient pas, me pria de demander pour récompense de mes services qu'il me fût permis de me retirer. Cela me fut accordé. Nous nous en allâmes à une maison des champs que j'avois. A peine étions-nous partis, que les amants nous suivirent : ils y arriverent aussitôt que nous. Le peu d'espérance de s'en sauver nous obligea d'abandonner des provinces où il n'y avoit point d'asyle contre l'amour, et d'en chercher un chez des peuples du voisinage. Cela fit des guerres, et ne nous délivra point des amants : ceux de la contrée étoient plus persécutants que les autres. Enfin nous nous retirâmes au désert, avec peu de suite, sans équipage, n'emportant que quelques livres, afin que notre fuite fût plus secrete. La retraite que nous choisîmes étoit fort cachée; mais ce n'étoit rien en comparaison de celle-ci. Nous y passâmes deux jours avec beaucoup de repos. Le troisieme jour on sut où nous nous étions réfugiés : un amant vint nous demander le chemin; un autre amant se mit à couvert de la pluie dans notre cabane. Nous voilà désespérés, et n'attendant de tranquillité qu'aux Champs-Élysées.

Je proposai à ma fille de se marier. Elle me pria d'attendre qu'on l'y eût condamnée sous peine du dernier supplice : encore préféreroit-elle la mort à l'hymen. Elle avouoit bien que l'importunité des amants étoit quelque chose de très fâcheux; mais la tyrannie des méchants maris alloit au-delà de tous les maux qu'on étoit capable de se figurer : que je ne me misse en peine que de moi seul; elle sauroit résister aux cajoleries que l'on lui feroit; et si l'on venoit à la violence, ou à la nécessité du mariage, elle sauroit encore mieux mourir. Je ne la pressai pas davantage.

Une nuit que je m'étois endormi sur cette pensée, la Philosophie m'apparut en songe. Je veux, dit-elle, te tirer de peine : suis-moi. Je lui obéis. Nous traversâmes les lieux par où je vous ai conduite. Elle m'amena jusque sur le seuil de cette habitation. Voilà, dit-elle, le seul endroit où tu trouveras du repos. L'image du lieu, celle du chemin, demeurerent dans ma mémoire. Je me réveillai fort content.

Le lendemain je contai ce songe à ma fille; et comme nous nous promenions, je remarquai que le chemin où la Philosophie m'avoit fait entrer aboutissoit à notre cabane. Qu'est-il besoin d'un plus long récit? nous fîmes résolution d'éprouver le reste du songe.

Nous congédiâmes nos domestiques, et nous nous sauvâmes avec ces deux filles, dont la plus âgée n'avoit pas six ans; il nous fallut porter l'autre. Après les mêmes peines que vous avez eues nous arrivâmes sous ces rochers. Ma famille s'y étant établie, je retournai prendre le peu de meubles que vous voyez, les apportant à diverses fois, et mes livres aussi. Pour ce qui nous étoit resté de bagues et d'argent, il étoit déjà en lieu d'assurance : nous n'en avons pas encore eu besoin. Le voisinage du fleuve nous fait subsister, sinon avec luxe et délicatesse, avec beaucoup de santé tout au moins. J'y prends du poisson que je vas vendre en une ville que ce mont vous cache, et où je ne suis connu de personne. Mon poisson n'est pas sitôt sur la place qu'il est vendu. Tous les habitants sont gens riches, de bonne chere, fort paresseux. Ils ont peine à sortir de leurs murailles; comment viendroient-ils ici m'interrompre, si ce n'est que votre mari s'en mêle à la fin, et qu'il nous envoie des amants, soit de ce lieu-là, soit d'un autre? les amants se font passage par-tout; ce n'est pas pour rien que leur protecteur a des ailes. Ces filles, comme vous voyez, sont en âge de l'appréhender. Je ne suis pourtant pas certain qu'elles prennent la chose du même biais que l'a toujours prise leur mere. Voilà, madame, comme je suis arrivé ici. Le vieillard finit par l'exagération de son bonheur, et par les louanges de la solitude.

Mais, mon pere, reprit Psyché, est-ce un si grand bien que cette solitude dont vous parlez? est-il possible que vous ne vous y soyez point ennuyé vous ni votre fille? A quoi vous êtes-vous occupés pendant dix années?

A nous préparer pour une autre vie, lui répondit le vieillard : nous avons fait des réflexions sur les fautes et sur les erreurs à quoi sont sujets les hommes; nous avons employé le temps à l'étude.

Vous ne me persuaderez point, repartit Psyché, qu'une grandeur légitime et des plaisirs innocents ne soient préférables au train de vie que vous menez.

La véritable grandeur, à l'égard des philosophes, lui répliqua le vieillard, est de régner sur soi-même; et le véritable plaisir, de jouir de soi. Cela se trouve en la solitude, et ne se trouve guere autre part. Je ne vous dis pas que toutes personnes s'en accommodent; c'est un bien pour moi, ce seroit un mal pour vous. Une personne que le ciel a composée avec tant de soin et avec tant d'art, doit faire honneur à son ouvrier, et régner ailleurs que dans le désert.

Hélas! mon pere, dit notre héroïne en soupirant, vous me parlez de régner, et je suis esclave de mon ennemie! Sur qui voulez-vous que je regne? Ce ne peut être ni sur mon cœur ni sur celui de l'Amour; de régner sur d'autres, c'est une gloire que je refuse. Là-dessus elle lui conta son histoire succinctement. Après avoir achevé : Vous voyez, dit-elle, combien j'ai sujet de craindre Vénus. J'ai toutefois résolu de me mettre en quête de mon mari devant que le jour se passe. Sa brûlure m'inquiete trop : ne savez-vous point un secret pour le guérir sans douleur et en un moment?

Le vieillard sourit : J'ai, dit-il, cherché toute ma vie dans les simples, dans les compositions, dans les minéraux, et n'ai pu encore trouver de remede pour aucun mal : mais croyez-vous que les Dieux en manquent? Il faut bien qu'ils en aient de bons, et de bons médecins aussi, puisque la mort ne peut rien sur eux. Ne vous mettez donc en peine que de regagner votre époux : pour cela il vous faut attendre; laissez-le dormir sur sa colere : si vous vous présentez à lui devant que le temps l'ait adoucie, vous vous mettrez au hasard d'être rebutée; ce qui vous seroit d'une très périlleuse conséquence pour l'avenir. Quand les maris se sont fâchés une fois, et qu'ils ont fait une fois les difficiles, la mutinerie ne leur coûte plus rien après.

Psyché se rendit à cet avis, et passa huit jours en ce

lieu-là, sans y trouver le repos que son hôte lui promettoit : Ce n'est pas que l'entretien du vieillard et celui même des jeunes filles ne charmassent quelquefois son mal; mais incontinent elle retournoit aux soupirs : et le vieillard lui disoit que l'affliction diminueroit sa beauté, qui étoit le seul bien qui lui restoit, et qui feroit infailliblement revenir les autres. On n'avoit point encore allégué de raisons à notre héroïne qui lui plût tant.

Ce n'étoit pas seulement au vieillard que Psyché parloit de sa passion : elle demandoit quelquefois conseil aux choses inanimées; elle importunoit les arbres et les rochers. Le vieillard avoit fait une longue route dans le fond du bois. Un peu de jour y venoit d'en-haut. Des deux côtés de la route étoient des réduits où une Belle pouvoit s'endormir sans beaucoup de témérité : les Sylvains ne fréquentoient pas cette forêt; ils la trouvoient trop sauvage. La commodité du lieu obligea Psyché d'y faire des vers, et d'en rendre les hêtres participants. Elle rappela les idées de la poésie que les Nymphes lui avoient données. Voici à-peu-près le sens de ses vers :

Que nos plaisirs passés augmentent nos supplices!
Qu'il est dur d'éprouver après tant de délices
Les cruautés du Sort!
Falloit-il être heureuse avant qu'être coupable?
Et si de me haïr, Amour, tu fus capable,
Pourquoi m'aimer d'abord?

Que ne punissois-tu mon crime par avance?
Il est bien temps d'ôter à mes yeux ta présence,
Quand tu luis dans mon cœur!
Encor si j'ignorois la moitié de tes charmes!
Mais je les ai tous vus : j'ai vu toutes les armes
Qui te rendent vainqueur.

J'ai vu la beauté même, et les graces dormantes.
Un doux ressouvenir de cent choses charmantes
Me suit dans les déserts.
L'image de ces biens rend mes maux cent fois pires.
Ma mémoire me dit : Quoi! Psyché, tu respires,
Après ce que tu perds?

Cependant il faut vivre : Amour m'a fait défense
D'attenter sur des jours qu'il tient en sa puissance,
Tout malheureux qu'ils sont.
Le cruel veut, hélas! que mes mains soient captives.
Je n'ose me soustraire aux peines excessives
Que mes remords me font.

C'est ainsi qu'en un bois Psyché contoit aux arbres
Sa douleur, dont l'excès faisoit fendre les marbres
Habitants de ces lieux.
Rochers, qui l'écoutiez avec quelque tendresse,
Souvenez-vous des pleurs qu'au fort de sa tristesse
Ont versés ses beaux yeux.

Elle n'avoit guere d'autre plaisir. Une fois pourtant la curiosité de son sexe, et la sienne propre, lui fit écouter une conversation secrete des deux bergeres. Le vieillard avoit permis à l'aînée de lire certaines fables amoureuses que l'on composoit alors, à-peu-près comme nos romans, et l'avoit défendu à la cadette, lui trouvant l'esprit trop ouvert et trop éveillé. C'est une conduite que nos meres de maintenant suivent aussi : elles défendent à leurs filles cette lecture pour les empêcher de savoir ce que c'est qu'amour : en quoi je tiens qu'elles ont tort, et cela est même inutile, la Nature servant d'Astrée. Ce qu'elles gagnent par-là n'est qu'un peu de temps : encore n'en gagnent-elles point; une fille qui n'a rien lu croit qu'on n'a garde de la tromper, et est plutôt prise. Il est de l'amour comme du jeu; c'est prudemment fait que d'en apprendre toutes les ruses, non pas pour les pratiquer, mais afin de s'en garantir. Si jamais vous avez des filles, laissez-les lire.

Celles-ci s'entretenoient à l'écart. Psyché étoit assise à quatre pas d'elles sans qu'on la vît.

La jeune bergere disoit à l'aînée : Je vous prie, ma sœur, consolez-moi : je ne me trouve plus belle comme je faisois : vous semble-t-il pas que la présence de Psyché nous ait changées l'une et l'autre? j'avois du plaisir à me regarder devant qu'elle vînt; je n'y en ai plus. Et ne vous regardez pas, dit l'aînée. Il se faut bien regarder, reprit la cadette : comment feroit-on autrement pour s'ajuster comme il faut? pensez-vous qu'une fille soit comme une fleur, qui sait arranger ses feuilles sans se servir de miroir? Si j'étois rencontrée de quelqu'un qui ne me trouvât pas à son gré?

Rencontrée dans ce désert! dit l'aînée : vous me faites rire. Je sais bien, reprit la cadette, qu'il est difficile d'y aborder; mais cela n'est pas absolument impossible. Psyché n'a point d'ailes, ni nous non plus; nous nous y rencontrons cependant. Mais, à propos de Psyché, que signifient les paroles qu'elle a gravées sur nos hêtres? pourquoi mon pere l'a-t-il priée de ne me les point expliquer? d'où vient qu'elle soupire incessamment? qui est cet Amour qu'elle dit qu'elle aime?

Il faut que ce soit son frere, repartit l'aînée. Je gagerois bien que non, dit la jeune fille. Vous qui parlez, feriez-vous tant de façons pour un frere?

C'est donc son mari, répliqua la sœur?

Je vous entends bien, reprit la cadette : mais les maris viennent-ils au monde tout faits? ne sont-ils point quelque autre chose auparavant? qu'étoit l'Amour à sa femme devant que de l'épouser? c'est ce que je vous demande.

Et ce que je ne vous dirai pas, répondit la sœur; car on me l'a défendu.

Vous seriez bien étonnée, dit la cadette, si je le savois déjà. C'est un mot qui m'est venu dans l'esprit sans que personne me l'ait appris : Devant que l'Amour fût le mari de Psyché, c'étoit son amant. Qu'est-ce à dire amant? s'écria l'aînée; y a-t-il des amants au monde? S'il y en a! reprit la cadette : votre cœur ne vous l'a-t-il point encore dit? il y a tantôt six mois que le mien ne me parle d'autre chose. Petite fille, reprit sa sœur, si l'on vous entend, vous serez criée. Quel mal y a-t-il à ce que je dis? lui repartit la jeune bergere. Hé! ma chere sœur, continua-t-elle en lui jetant les deux bras au cou, apprenez-moi, je vous prie, ce qu'il y a dans vos livres. On ne le veut pas, dit l'aînée. C'est à cause de cela, reprit la cadette, que j'ai une extrême envie de le savoir. Je me lasse d'être un enfant et une ignorante. J'ai résolu de prier mon pere qu'il me mene un de ces jours à la ville : et la premiere fois que Psyché se parlera à elle-même, ce qui lui arrive souvent étant seule, je me cacherai pour l'entendre.

Cela n'est pas nécessaire, dit tout haut Psyché de l'endroit où elle étoit. Elle se leva aussitôt, et courut à nos deux bergeres, qui se jeterent à ses genoux, si confuses qu'à peine purent-elles ouvrir la bouche pour lui demander pardon. Psyché les baisa, les prit par la main, et les fit asseoir à côté d'elle, puis leur parla de cette maniere :

Vous n'avez rien dit qui m'offense, les belles filles. Et vous, continua-t-elle en s'adressant à la jeune sœur et en la baisant encore une fois, je vous satisferai tout-à-l'heure sur vos soupçons. Votre pere m'avoit priée de ne le pas faire : mais puisque ses précautions sont inutiles, et que la nature vous en a déja tant appris, je vous dirai qu'en effet il y a au monde un certain peuple agréable, insinuant, dont les manieres sont tout-à-fait douces, qui ne songe qu'à nous plaire, et nous plaît aussi : il n'y a rien d'extraordinaire en son visage ni en sa mine, cependant nous le trouvons beau par-dessus tous les autres peuples de l'univers. Quand on en vient là, les sœurs et les freres ne sont plus rien. Ce peuple est répandu par toute la terre sous le nom d'amants. De vous dire précisément comme il est fait, c'est une chose impossible; en certains pays il est blanc; en d'autres pays il est noir. L'Amour ne dédaignoit pas d'en faire partie. Ce Dieu étoit mon amant devant que de m'épouser; et ce qui vous étonneroit si vous saviez comme se gouverne le monde, c'est qu'il l'étoit même étant mon mari : mais il ne l'est plus.

Ensuite de cette déclaration, Psyché leur conta son aventure bien plus au long qu'elle ne l'avoit contée au vieillard. Son récit étant achevé : Je vous ai, dit-elle, conté ces choses afin que vous fassiez dessus des réflexions, et qu'elles vous servent pour la conduite de votre vie. Non que mes malheurs, provenant d'une cause extraordinaire, doivent être tirés à conséquence par des bergeres, ni qu'ils doivent vous dégoûter d'une passion dont les peines mêmes sont des plaisirs : comment résisteriez-vous à la puissance de mon mari? tout ce qui respire lui sacrifie. Il y a des cœurs qui s'en voudroient dispenser; ces cœurs y viennent à leur tour. J'ai vu le temps que le mien étoit du nombre; je dormois tranquillement, on ne m'entendoit point soupirer, je ne pleurois point : je n'étois pas plus heureuse que je le suis. Cette félicité languissante n'est pas une chose si souhaitable que votre pere se l'imagine : les philosophes la cherchent avec un grand soin, les morts la trouvent sans nulle peine. Et ne vous arrêtez pas à ce que les poëtes disent de ceux qui aiment : ils leur font passer leur plus bel âge dans les ennuis : les ennuis d'amour ont cela de bon qu'ils n'ennuient jamais. Ce que vous avez à faire est de bien choisir, et de choisir une fois pour toutes : une fille qui n'aime qu'en un endroit ne sauroit être blâmée; pourvu que l'honnêteté, la discrétion, la prudence, soient conductrices de cette affaire, et pourvu qu'on garde des bornes, c'est-à-dire qu'on fasse semblant d'en garder. Quand vos amours iront mal, pleurez, soupirez, désespérez-vous : je n'ai que faire de vous le dire; faites seulement que cela ne paroisse pas : quand elles iront bien, que cela paroisse encore moins, si vous ne voulez que l'envie s'en mêle, et qu'elle corrompe de son venin toute votre béatitude, comme vous voyez qu'il est arrivé à mon égard. J'ai cru vous rendre un fort bon office en vous donnant ces avis; et ne comprends pas la pensée de votre pere. Il sait bien que vous ne demeurerez pas toujours dans cette ignorance : qu'attend-il donc? que votre propre expérience vous rende sages? Il me semble qu'il vaudroit mieux que ce fût l'expérience d'autrui, et qu'il vous permît la lecture à l'une aussi bien qu'à l'autre : je vous promets de lui en parler.

Psyché plaidoit la cause de son époux : et peut-être sans cela n'auroit-elle pas inspiré ces sentiments aux deux jeunes filles. Les sœurs l'écoutoient comme une personne venue du ciel. Il se tint ensuite entre les trois Belles un conseil secret touchant les affaires de notre héroïne.

Elle demanda aux bergeres ce qu'il leur sembloit de son aventure, et quelle conduite elle avoit à tenir de là en avant. Les sœurs la prierent de trouver bon qu'elles demeurassent dans le respect, et s'abtinssent de dire leur sentiment : il ne leur appartenoit pas, dirent-elles, de délibérer sur la fortune d'une déesse : quel conseil pouvoit-on attendre de deux jeunes filles qui n'avoient encore vu que leur troupeau?

Notre héroïne les pressa tant, que l'aînée lui dit qu'elle approuvoit ses soumissions et son repentir : qu'elle lui conseilloit de continuer : car cela ne pouvoit lui nuire, et pouvoit extrêmement lui profiter : qu'assurément son mari n'avoit point discontinué de l'aimer; ses reproches, et le soin qu'il avoit eu d'empêcher qu'elle ne mourût, sa colere même, en étoient des témoignages infaillibles : il vouloit, sans plus, lui faire acheter ses bonnes graces, pour les lui rendre plus précieuses. C'étoit un second ragoût dont il s'avisoit, et qui, tout considéré, n'étoit pas à beaucoup près si étrange que le premier.

La cadette fut d'un avis tout contraire, et s'emporta fort contre l'Amour. Ce Dieu étoit-il raisonnable? avoit-il des yeux de laisser languir à ses pieds la fille d'un roi, reine elle-même de la beauté, tout cela parcequ'on avoit eu la curiosité de le voir? La belle raison de quitter sa femme, et de faire un si grand bruit! S'il eût été laid, il eût eu sujet de se fâcher; mais étant si beau, on lui avoit fait plaisir. Bien loin que cette curiosité fût blâmable, elle méritoit d'être louée, comme ne pouvant provenir que d'excès d'amour. Si vous m'en croyez, madame, vous attendrez que votre mari revienne au logis. Je ne connois ni le naturel des Dieux ni celui des hommes; mais je juge d'autrui par moi-même, et crois que chacun est fait à-peu-près de la même sorte : quand nous avons quelque différend ma sœur et moi, si je fais la froide et l'indifférente, elle me recherche; si elle se tient sur son quant à moi, je vais au-devant.

Psyché admira l'esprit de nos deux bergeres, et conjectura que la cadette avoit attrapé les livres dont la bibliotheque de sa sœur étoit composée, et les avoit lus en cachette : ajoutez aux livres l'excellence du naturel, lequel ayant été fort heureux dans la mere de ces deux filles, revivoit en l'une et en l'autre avec avantage, et n'avoit point été abâtardi par la solitude.

Psyché préféra l'avis de l'aînée à celui de la cadette. Elle résolut de se mettre en quête de son mari dès le lendemain.

Cette entreprise avoit quelque chose de hardi et de bien étrange. La fille d'un roi aller ainsi seule! car pour être femme d'un Dieu, ce n'étoit pas une qualité qui dût faire trouver de la messéance en la chose : les Déesses vont et viennent comme il leur plaît, et personne n'y trouve à dire. La difficulté étoit plus grande à l'égard de notre héroïne : non seulement elle appréhendoit de rencontrer les satellites de son ennemie, mais tous les hommes en général. Et le moyen d'empêcher qu'on ne la reconnût d'abord? Quoique son habit fût de deuil, c'étoit aussi un habit de noces, chargé de diamants en beaucoup d'endroits, et qui avoit consumé deux années du revenu de son pere. Tant de beauté en une personne, et de richesses en son vêtement, tenteroient le premier venu. Elle espéroit véritablement que son mari préserveroit la personne, et empêcheroit que l'on n'y touchât : les diamants deviendroient ce qu'il plairoit au Destin. Quand elle n'auroit rien espéré, je crois qu'il n'en eût été autre chose. Io courut par toute la terre : on dit qu'elle étoit piquée d'une mouche; je soupçonne fort cette mouche de ressembler à l'Amour autrement que par les ailes. Bien prit à Psyché que la mouche qui la piquoit étoit son mari : cela excusoit toutes choses.

L'aînée des deux filles lui proposa de se faire faire un autre habit dans cette ville voisine dont j'ai parlé : leur pere auroit ce soin-là si elle le jugeoit à propos. Psyché, qui voyoit que cette fille étoit d'une taille à-peu-près comme la sienne, aima mieux changer d'habit avec elle, et voulut que la métamorphose s'en fît sur-le-champ. C'étoit une occasion de s'acquitter envers ses hôtesses. Quelle satisfaction pour elle si le prix de ces diamants augmentoit celui de ces filles, et y faisoit mettre l'enchere par plus d'amants !

Qui se trouva empêchée, ce fut la bergere. Le respect, la honte, la répugnance de recevoir ce présent, mille choses l'embarrassoient : elle appréhendoit que son pere ne la blâmât. Toutes bergeres qu'étoient ces filles, elles avoient du cœur, et se souvenoient de leur naissance quand il en étoit besoin. Il fallut cette fois-là que l'aînée se laissât persuader ; à condition, dit-elle, que cet habit lui tiendroit lieu de dépôt.

Nos deux travesties se trouverent en leurs nouveaux accoutrements comme si Psyché n'eût fait toute sa vie autre chose qu'être bergere, et la bergere qu'être princesse. Quand elles se présenterent au vieillard, il eut de la peine à les reconnoître. Psyché se fit un divertissement de cette métamorphose. Elle commençoit à mieux espérer, goûtant les raisons qu'on lui apportoit.

Le lendemain, ayant trouvé le vieillard seul, elle lui

parla ainsi : Vous ne pouvez pas toujours vivre, et êtes en un âge qui vous doit faire songer à vos filles : que deviendront-elles si vous mourez?

Je leur laisserai le Ciel pour tuteur, reprit le vieillard; puis l'aînée a de la prudence, et toutes deux ont assez d'esprit. Si la Parque me surprend, elles n'auront qu'à se retirer dans cette ville voisine : le peuple y est bon, et aura soin d'elles. Je vous confesse que le plus sûr est de prévenir la Parque. Je les conduirai moi-même en ce lieu dès que vous serez partie. C'est un lieu de félicité pour les femmes; elles y font tout ce qu'elles veulent, et cela leur fait vouloir tout ce qui est bien. Je ne crois pas que mes filles en usent autrement. S'il étoit bienséant à moi de les louer, je vous dirois que leurs inclinations sont bonnes, et que l'exemple et les leçons de leur mere ont trouvé en elles des sujets déja disposés à la vertu. La cadette ne vous a-t-elle point semblé un peu libre?

Ce n'est que gaieté et jeunesse, reprit Psyché. Elle n'aime pas moins la gloire que son aînée. L'âge lui donnera de la retenue : la lecture lui en auroit déja donné si vous y aviez consenti. Au reste, servez-vous des diamants qui sont sur l'habit que j'ai laissé à vos filles : cela vous aidera peut-être à les marier. Non que leur beauté ne soit une dot plus que suffisante; mais vous savez aussi bien que moi que quand la beauté est riche, elle est de moitié plus belle.

Le vieillard eut trop de fierté pour un philosophe. Il ne se voulut charger de l'habit qu'à condition de n'y point toucher. Dès le même jour tous quatre partirent de ce désert.

Quand ils eurent passé la ravine et le petit sentier bordé de ronces, ils se séparerent. Le vieillard, avec ses enfants, prit le chemin de la ville; Psyché, celui que la fortune lui présenta. La peine de se quitter fut égale, et les larmes bien réciproques. Psyché embrassa cent fois les deux jeunes filles, et les assura que, si elle rentroit en grace, elle feroit tant auprès de l'Amour qu'il les combleroit de ses biens, leur départiroit à petite mesure ses maux, justement ce qu'il en faudroit pour leur faire trouver les biens meilleurs. Après le renouvellement des adieux et celui des larmes, chacun suivit son chemin : ce ne fut pas sans tourner la tête.

La famille du vieillard arriva heureusement dans le lieu où elle avoit dessein de s'établir. Je vous conterois ses aventures si je ne m'étois point prescrit des bornes plus resserrées. Peut-être qu'un jour les mémoires que j'ai recueillis tomberont entre les mains de quelqu'un qui s'exercera sur cette matiere, et qui s'en acquittera mieux que moi : maintenant je n'acheverai que l'histoire de notre héroïne.

Sitôt que Psyché eut perdu de vue le vieillard et sa famille, son dessein se représenta à elle tel qu'il étoit, avec ses inconvénients, ses dangers, ses peines, dont elle n'avoit apperçu jusque-là qu'une petite partie. Il ne lui restoit de tant de trésors qu'un simple habit de bergere. Les palais où il lui falloit coucher étoient quelquefois le tronc d'un arbre, quelquefois un antre ou une masure. Là, pour compagnie, elle rencontroit des hiboux et force serpents. Son manger croissoit sur le bord de quelque fontaine, ou pendoit aux branches des chênes, ou se trouvoit parmi celles des palmiers. Qui l'auroit vue pendant le midi, lorsque la campagne n'est qu'un désert, contrainte de s'appuyer contre la premiere pierre qu'elle rencontroit, et, n'en pouvant plus de chaleur, de faim et de lassitude, priant le Soleil de modérer quelque peu l'excessive ardeur de ses rayons, puis considérant la terre, et ressuscitant avec ses larmes les herbes que la canicule avoit fait mourir; qui l'auroit vue, dis-je, en cet état, et ne se seroit pas fondu en pleurs aussi bien qu'elle, auroit été un véritable rocher.

Deux jours se passerent à aller de côté et d'autre, puis revenir sur ses pas, aussi peu certaine du lieu par où elle vouloit commencer sa quête, que de la route qu'il falloit prendre. Le troisieme, elle se souvint que l'Amour lui avoit recommandé sur toutes choses de le venger. Psyché étoit bonne : jamais elle n'auroit pu se résoudre de faire du mal à ses sœurs autrement que par un motif d'obéissance, quelque méchantes et quelque dignes de punition qu'elles fussent. Que si elle avoit voulu tuer son mari, ce n'étoit pas comme son mari, mais comme dragon. Aussi ne se proposa-t-elle point d'autre vengeance que de faire accroire à chacune de ses sœurs séparément que l'Amour vouloit l'épouser, ayant répudié leur cadette comme indigne de l'honneur qu'il lui avoit fait : tromperie qui, dans l'apparence, n'aboutissoit qu'à les faire courir l'une et l'autre, et leur faire consumer un peu plus de temps autour d'un miroir.

Dans cette résolution, elle se remet en chemin : et comme une personne de son sexe vint à passer (elle avoit soin de se détourner des hommes), elle la pria de lui dire par où on alloit à certains royaumes, situés en un canton qui étoit entre telle et telle contrée, enfin où régnoient les sœurs de Psyché. Le nom de Psyché étoit plus connu que celui de ces royaumes; ainsi cette femme comprit par-là ce qu'on lui demandoit, et enseigna à notre bergere une partie de la route qu'il falloit suivre.

A la premiere croisée de chemins qu'elle rencontra ses frayeurs se renouvelerent. Les gens qu'avoit envoyés Vénus pour se saisir d'elle ayant rendu à leur reine un fort mauvais compte de leur recherche, cette Déesse ne trouva point d'autre expédient que de faire trompetter sa rivale. Le Crieur des Dieux est Mercure; c'est un de ses cent métiers. Vénus le prit dans sa belle humeur; et après s'être laissé dérober par ce Dieu deux ou trois baisers et une paire de pendants d'oreilles, elle fit marché avec lui, moyennant lequel il se chargea de crier Psyché par tous les carrefours de l'univers, et d'y faire planter des poteaux où ce placard seroit affiché :

> De par la reine de Cythere,
> Soient dans l'un et l'autre hémisphere
> Tous humains dûment avertis
> Qu'elle a perdu certaine esclave blonde,
> Se disant femme de son fils,
> Et qui court à présent le monde.
> Quiconque enseignera sa retraite à Vénus,
> Comme c'est chose qui la touche,
> Aura trois baisers de sa bouche;
> Qui la lui livrera, quelque chose de plus.

Notre bergere rencontra donc un de ces poteaux; il y en avoit à toutes les croisées de chemins un peu fréquentés. Après six jours de travail elle arriva au royaume de son aînée. Cette malheureuse femme savoit déja, par le moyen des placards, ce qui étoit arrivé à sa sœur. Ce jour-là elle étoit sortie afin d'en voir un. La satisfaction qu'elle en eut fut véritablement assez grande pour mériter qu'elle la goûtât à loisir. Ainsi elle renvoya à la ville la meilleure partie de son train; et voulut coucher en une maison des champs où elle alloit quelquefois, située au-dessus d'une prairie fort agréable et fort étendue. Là sa joie se dilatoit, quand notre bergere passa. La maudite reine avoit voulu qu'on la laissât seule. Deux ou trois de ses officiers et autant de femmes se promenoient à cinq cents pas d'elle, et s'entretenoient possible de leur amour, plus attachés à ce qu'ils disoient qu'à ce que pensoit leur maîtresse.

Psyché la reconnut d'assez loin. L'autre étoit tellement occupée à se réjouir du placard, que sa sœur se jeta à ses genoux devant qu'elle l'apperçût. Quelle témérité à une bergere! surprendre sa majesté! la retirer de ses rêveries! se jeter à ses genoux sans l'en avertir; il falloit châtier cette audacieuse. Et qui es-tu, insolente, qui oses ainsi m'approcher?

Hélas! madame, je suis votre sœur, autrefois l'épouse de Cupidon, maintenant esclave, et ne sachant presque que devenir. La curiosité de voir mon mari l'a mis en telle colere qu'il m'a chassée. Psyché, m'a-t-il dit, vous ne méritez pas d'être aimée d'un Dieu : pourvoyez-vous d'époux ou d'amant, comme vous le jugerez à propos; car de votre vie vous n'aurez aucune part à mon cœur. Si je l'avois donné à votre aînée, elle l'auroit conservé, et ne seroit pas tombée dans la faute que vous avez faite; je ne serois pas malade d'une brûlure qui me cause des douleurs extrêmes, et dont je ne guérirai de long-temps. Vous n'avez que de la beauté; j'avoue que cela fait naître l'amour; mais pour le faire durer il faut autre chose, il faut ce qu'a votre aînée, de l'esprit, de la beauté, et de la prudence. Je vous

& qui-es tu insolente qui oses ainsi m'aprocher ?

ai dit les raisons qui m'empêchoient de me laisser voir : votre sœur s'y seroit rendue; mais pour vous ce n'a été que légèreté d'esprit, contradiction, opiniâtreté. Je ne m'étonne plus que ma mere ait désapprouvé notre mariage; elle voyoit vos défauts : que je lui propose de trouver bon que j'épouse votre sœur, je suis certain qu'elle l'agréera. Si je faisois cas de vous, je prendrois le soin moi-même de vous punir : je laisse cela à ma mere; elle saura s'en acquitter. Soyez son esclave, puisque vous ne méritez pas d'être mon épouse. Je vous répudie, et vous donne à elle. Votre emploi sera, si elle me croit, de garder certaine sorte d'oisons qu'elle fait nourrir dans sa ménagerie d'Amathonte. Allez la trouver tout incontinent, portez-lui ces lettres, et passez par le royaume de votre aînée. Vous lui direz que je l'aime, et que, si elle veut m'épouser, tous ces trésors sont à elle. Je vous ai traitée comme une étourdie et comme un enfant : je la traiterai d'une autre maniere, et lui permettrai de me voir tant qu'il lui plaira. Qu'elle vienne seulement, et s'abandonne à l'haleine du Zéphyre, comme déja elle a fait; j'aurai soin qu'elle soit enlevée dans mon palais. Oubliez entièrement notre hymen : je ne veux pas qu'il vous en reste la moindre chose; non pas même cet habit que vous portez maintenant : dépouillez-le tout-à-l'heure, en voilà un autre. Il a fallu obéir. Voilà, madame, quel est mon sort.

La sœur, se croyant déja entre les bras de l'Amour,

chatouillée de ce témoignage de son mérite, et de mille autres pensées agréables, ne marchanda point à se résoudre en son ame à quitter mari et enfants. Elle fit pourtant la petite bouche devant Psyché; et regardant sa cadette avec un visage de matrone : Ne vous avois-je pas dit aussi, lui repartit-elle, qu'une honnête femme se doit contenter du mari que les Dieux lui avoient donné, de quelque façon qu'il fût fait, et ne pas pénétrer plus avant qu'il ne plaisoit à ce mari qu'elle pénétrât? Si vous m'eussiez crue, vous ne seriez pas vagabonde comme vous êtes. Voilà ce que c'est qu'une jeunesse inconsidérée, qui veut agir à sa tête, et qui ne croit pas conseil. Encore êtes-vous heureuse d'en être quitte à si bon marché. Vous méritiez que votre mari vous fît enfermer dans une tour. Or bien ne raisonnons plus sur une faute arrivée. Ce que vous avez à faire est de vous montrer le moins qu'il sera possible; et puisqu'Amour veut que vous ne bougiez d'avec les oisons, ne les point quitter. Il y a même trop de somptuosité à votre habit. Cela ne sent pas sa criminelle assez repentante. Coupez ces cheveux, et prenez un sac; je vous en ferai donner un : vous laisserez ici cet accoutrement.

Psyché la remercia.

Puisque vous voulez, ajouta la faiseuse de remontrances, suivre toujours votre fantaisie, je vous abandonne, et vous laisse aller où il vous plaira. Quant aux propositions de l'Amour, nous ferons ce qu'il sera à propos de faire.

Là-dessus elle se tourna vers ses gens, et laissa Psyché, qui ne s'en soucioit pas trop, et qui voyoit bien que son aînée avoit mordu à l'hameçon; car à peine tenoit-elle à terre n'en pouvant plus qu'elle ne fût seule pour donner un libre cours à sa joie.

Psyché, de ce même pas, s'en alla faire à son autre sœur la même ambassade. Cette sœur-ci n'avoit plus d'époux. Il étoit allé en l'autre monde à grandes journées, et par un chemin plus court que celui que tiennent les gens du commun : les médecins le lui avoient enseigné. Quoiqu'il n'y eût pas plus d'un mois qu'elle étoit veuve, il y paroissoit déja; c'est-à-dire que sa personne étoit en meilleur état : peut-être l'entendiez-vous d'autre sorte. Si bien que cette puînée étant de deux ans plus jeune, plus nouvelle mariée, et moins de fois mere que l'autre, le rétablissement de ses charmes n'étoit pas une affaire de si longue haleine : elle pouvoit bien plutôt et plus hardiment se présenter à l'Amour.

L'autre avoit des réparations à faire de tous les côtés. Le bain y fut employé, les chymistes, les atourneuses. Cela étonna le roi son mari. La galanterie croissoit à vue d'œil, les galants ne paroissoient point. Il n'y avoit ni ingrédient, ni eau, ni essence qu'on n'éprouvât : mais tout cela n'étoit que plâtrer la chose. Les charmes de la pauvre femme étoient trop avant dans les chroniques du temps passé pour les rappeler si facilement.

Tandis qu'elle fait ses préparatifs, sa seconde sœur la prévient, s'en va droit à cette montagne dont nous avons tant parlé, arrive au sommet sans rencontrer de dragons. Cela lui plut fort : elle crut qu'Amour lui épargnoit ces frayeurs par un privilege particulier; tourna vers l'endroit où elle et sa sœur avoient coutume de se présenter; et, pour être enlevée plus aisément par le Zéphyre, elle se planta sur un roc qui commandoit aux abymes de ces lieux-là.

Amour, dit-elle, me voilà venue : notre étourdie de cadette m'a assurée que tu me voulois épouser. Je n'attendois autre chose, et me doutois bien que tu la répudierois pour l'amour de moi; car c'est une écervelée. Regarde comme je te suis déja obéissante. Je ne ferai pas comme a fait ma sœur Psyché. Elle a voulu à toute force te voir : moi, je veux tout ce que l'on veut : montre-toi, ne te montre pas, je me tiendrai très heureuse. Si tu me caresses, tu verras comme je sais y répondre : si tu ne me caresses pas, mon défunt mari m'y a tout accoutumée. Je te ferai rire de son régime, et je t'en dirai mille choses divertissantes : tu ne t'ennuieras point avec moi. Ma sœur Psyché n'étoit qu'un enfant qui ne savoit rien : moi je suis un esprit fait. O Dieux! je sens déja une douce haleine. C'est celle de ton serviteur Zéphyre. Que ne l'as-tu envoyé lui-même? il m'auroit plutôt enlevée; j'en serois plutôt entre tes bras, et tu en serois plutôt entre les miens : je prétends que tu trouves la chose égale; et puisque tu as de l'amour, tu dois avoir aussi de l'impatience. Adieu, misérables mortelles que les hommes aiment : vous voudriez bien être aimées comme moi d'un Dieu qui n'eût point de poil au menton : ce n'est pas pour vous; qu'il vous suffise de m'invoquer, et je pourvoirai à vos nécessités amoureuses.

Disant ces paroles, elle s'abandonna dans les airs à son ordinaire; et, au lieu d'être enlevée dans le palais de l'Amour, elle tomba premièrement sur une pointe de rocher, et puis sur une autre, de roc en roc : chacun d'eux emporta sa piece; ils se la renvoyoient les uns aux autres comme un jouet, de maniere qu'elle arriva le plus joliment du monde au royaume de Proserpine.

Quelques jours après, son aînée se vint planter sur le même roc. Celle-ci fit sa harangue au Zéphyre.

Amant de Flore, lui cria-t-elle, quitte tes amours, et me viens porter dans le palais de ton maître. Ne me blesse point en chemin; je suis délicate. Que si tu ne veux envoyer que ton haleine, cela suffira; aussi bien n'aimé-je pas qu'on me touche, principalement les hommes : pour l'Amour, tant qu'il lui plaira. Prends garde sur-tout à ne point gâter ma coëffure.

Ayant dit ces mots, elle tira un miroir de sa poche, et fut quelque temps à se regarder, raccommodant un cheveu en un endroit, puis un en un autre, quelquefois rien; non sans se mouiller les levres, et tant de façons que si l'Amour avoit été là il en auroit ri. Elle remit son miroir; accusant le plus agréablement qu'elle put le Zéphyre d'être un paresseux, qui ne se soucioit que de ses amours, négligeoit celles de son maître : se moquoit-il, de la laisser au soleil? Justement comme elle achevoit ces reproches, un petit Eurus qui s'étoit fortuitement égaré vint passer à quatre pas d'elle; jugez la joie. Notre prétendue fiancée se donne le branle à soi-même : mais, au lieu d'aller trouver l'Amour comme elle pensoit, elle va trouver sa sœur, droit par le chemin que l'autre lui avoit tracé, sans se détourner d'un pas.

Ce sont les échos de ces rochers qui nous ont appris la mort des deux sœurs. Ils la conterent quelque temps après au Zéphyre. Lui, incontinent, en alla porter la nouvelle au fils de Vénus, qui le régala d'un fort beau présent.

Psyché cependant continuoit de chercher l'Amour, toujours en son habit de bergère. Il avoit une telle grace sur elle, que si son ennemie l'eût vue avec cet habit, elle lui en auroit donné un de déesse en la place. Les afflictions, le travail, la crainte, le peu de repos et de nourriture, avoient toutefois diminué ses appas; si bien que, sans une force de beauté extraordinaire, ce n'auroit plus été que l'ombre de cet objet qui avoit tant fait parler de lui dans le monde. Bien lui prit d'avoir des charmes à moissonner pour le temps et pour la douleur, et encore de reste pour elle. Le plus cruel de son aventure étoit les craintes qu'on lui donnoit. Tantôt elle entendoit dire que Vénus la faisoit chercher par d'autres gens; quelquefois même qu'elle étoit tombée entre les mains de son ennemie, qui, à force de tourments, l'avoit rendue méconnoissable.

Un jour elle eut une telle alarme qu'elle se jeta dans une chapelle de Cérès, comme en un asyle qui de bonne fortune se présentoit. Cette chapelle étoit près d'un champ dont on venoit de couper les blés. Là, les laboureurs des environs offroient tous les ans les prémices de leur récolte. Il y avoit un grand monceau de javelles à l'entrée du temple. Notre bergere se prosterna devant l'image de la Déesse; puis lui mit au bras un chapeau de fleurs, lesquelles elle venoit de cueillir en courant et sans aucun choix, c'étoit de ces fleurs qui croissent parmi les blés. Psyché avoit oui dire aux sacrificateurs de son pays qu'elles plaisoient à Cérès, et qu'une personne qui vouloit obtenir des Dieux quelque chose ne devoit point entrer dans leurs maisons les mains vuides. Après son offrande elle se remit à genoux, et fit ainsi sa priere :

Divinité la plus nécessaire qui soit au monde, nourrice des hommes, protege-moi contre celle que je n'ai jamais offensée : souffre seulement que je me cache pour quelques jours entre les javelles qui sont à la porte de ton temple, et que je vive du blé qui en tombera. Cythérée se plaint de ce que son fils m'a voulu du bien; mais, puisqu'il ne m'en veut plus, n'est-ce pas assez de satisfaction pour elle et assez de peine pour moi? Faut-il que la colere des Dieux soit si grande! S'il est vrai que la Justice se soit retirée parmi eux, ils doivent considérer l'innocence d'une personne qui leur a obéi en se mariant. Ai-je corrompu l'oracle? ai-je usé d'aucun artifice pour me faire aimer? puis-je mais si un Dieu me voit? quand je m'enfermerois dans une tour, ne me verroit-il pas? Tant s'en faut qu'en l'épousant je crusse faire du déplaisir à sa mere, car je croyois épouser un monstre. Il s'est trouvé que c'étoit l'Amour, et que j'avois plu à ce Dieu. C'est donc un crime d'être agréable! Hélas! je ne le suis plus, et ne l'ai jamais été par ma faute. Il ne se trouvera point que j'aie employé ni afféterie ni paroles ensorcelantes. Vénus a encore sur le cœur l'indiscrétion des mortels qui ont quitté son culte pour m'honorer. Qu'elle se plaigne donc des mortels; mais de moi, c'est une injustice. Je leur ai dit qu'ils me faisoient tort. Si les hommes sont imprudents, ce n'est pas à dire que je sois coupable.

C'est ainsi que notre bergere se justifioit à Cérès. Soit que les Déesses s'entendent, ou que celle-ci fût fâchée de ce qu'on l'avoit appelée nourrice, ou que le Ciel veuille que nos prieres soient véritablement des prieres et non des apologies, celle de Psyché ne fut nullement écoutée. Cérès lui cria de la voûte de sa chapelle qu'elle se retirât au plus vîte, et laissât le tas de javelles comme il étoit; sinon Vénus en auroit l'avis. Pourquoi rompre en faveur d'une mortelle avec une Déesse de ses amies? Vénus ne lui en avoit donné aucun sujet. Qu'on dît tout ce qu'on voudroit de sa conduite, c'étoit une bonne femme, qui lui avoit obligation, à la vérité, ainsi qu'à Bacchus; mais elle le savoit bien reconnoître, et le publioit par-tout.

Ce fut beaucoup de déplaisir à Psyché de se voir excluse d'un asyle où elle auroit cru être mieux venue qu'en pas un autre qui fût au monde. En effet, si Cérès, bienfaisante de son naturel, et qui ne se piquoit pas de beauté, lui refusoit sa protection, il n'y avoit guere d'apparence que des Déesses tant soit peu galantes et d'humeur jalouse lui accordassent la leur. D'y intéresser des Dieux, c'étoit s'exposer à quelque chose de pis que la persécution de Vénus : il falloit savoir auparavant quelle sorte de reconnoissance ils exigeroient de la Belle. Encore le plus à propos étoit-il de ne s'adresser qu'aux Divinités de son sexe, tant pour empêcher la médisance, que pour ne donner aucun ombrage à son mari. Junon là-dessus lui vint en l'esprit.

Psyché crut qu'y ayant quelque sorte d'émulation entre Cythérée et cette Déesse, et pour le crédit et pour la beauté, la reine des Dieux seroit bien aise de trouver une occasion de nuire à sa concurrente, suivant l'usage de la cour et le serment que font les femmes en venant au monde.

Il ne fut pas difficile à notre bergere de trouver Junon. La jalouse femme de Jupiter descend souvent sur la terre, et vient demander aux mortels des nouvelles de son mari.

Psyché, l'ayant rencontrée, lui chanta un hymne où il n'étoit fait mention que de la puissance de cette Déesse : en quoi elle commit une faute : il valoit bien mieux s'étendre sur sa beauté; la louange en est tout autrement agréable. Ce sont les rois que l'on n'entretient que de leur grandeur : pour les reines, il faut les féliciter d'autre chose, qui veut bien faire. Aussi l'épouse de Cupidon fut-elle éconduite encore une fois. La différence qu'il y eut, fut que celle-ci se passa quelque peu plus mal que la premiere. Car, outre les considérations de Cérès, Junon ajouta qu'il falloit punir ces mortelles à qui les Dieux font l'amour, et obliger leurs galants à rester au logis. Que venoient-ils faire parmi les hommes? comme s'il n'y avoit pas dans le ciel assez de Beautés pour eux! Non qu'elle en parlât pour son intérêt, se souciant peu de ces choses, et ne craignant du côté des charmes qui que ce fût.

La reine des Dieux ne disoit pas tout : il y avoit encore une raison plus pressante que cela, comme on pourroit dire quelque étincelle de ce feu dont on n'avertit les voisins que le moins qu'on peut. Une femme judicieuse ne doit point désobliger le fils de Vénus; sait-elle si quelque jour elle n'aura point affaire de lui? Apparemment le courroux du Dieu duroit encore contre Psyché : ainsi le plus sûr étoit de ne point entrer dans leurs différends.

Notre bergere, rebutée de tant de côtés, ne sut plus à qui s'adresser. Il restoit véritablement Diane et Pallas; mais l'une et l'autre ayant fait vœu de virginité n'auroient pas les prieres d'une femme pour agréables, et croiroient souiller leurs oreilles en les écoutant.

Toutefois, comme Diane rendoit des oracles, la bergere crut que pour le moins cette Déesse ne seroit pas si farouche que de lui en refuser un, et elle ne lui demanderoit autre chose. Aussi bien s'en rendoit-il en un lieu tout proche : ce ne seroit pas pour elle un fort grand détour. Le lieu étoit à l'entrée d'une forêt extrêmement solitaire et propre à la chasse. Diane y avoit un temple dont elle faisoit une de ses maisons de plaisir. On faisoit environ deux mille pas dans le bois; puis on rencontroit une clairiere qui servoit comme de parvis au temple. Il étoit petit, mais d'une fort belle architecture. Au milieu de la clairiere on avoit placé un obélisque de marbre blanc, à quatre faces, posé sur autant de boules, et élevé sur un piédestal ayant de hauteur moitié de celle de l'obélisque. Sur chaque côté du plinthe qui regardoit directement, aussi bien que les faces de la pyramide, le midi, le septentrion, le couchant, et le levant, étoient entaillés ces mots :

Qui que tu sois, qui as sacrifié à l'Amour ou à l'Hyménée, garde-toi d'entrer dans mon sanctuaire.

Psyché, qui avoit sacrifié à l'un et à l'autre, n'osa entrer dans le temple : elle demeura à la porte, où la Prêtresse lui apporta cet oracle :

Cesse d'être errante : ce que tu cherches a des ailes : quand tu sauras comme lui marcher dans les airs, tu seras heureuse.

Ces paroles ne démentoient point l'ambiguité et l'obscurité ordinaire des réponses que font les Dieux. Psyché se tourmenta fort pour en tirer quelque sens, et n'en put venir à bout. Que le Ciel, dit-elle, me prescrive ce qu'il voudra, il faut mourir, ou trouver l'Amour. Nous ne le saurions trouver, il faut donc mourir : allons nous livrer à notre ennemie; c'en est le moyen. Mais l'oracle m'a assurée que je serois quelque jour heureuse : allons nous jeter aux pieds de Vénus; nous la servirons, nous endurerons patiemment ses outrages; cela l'émouvra à compassion, elle nous pardonnera, nous recevra pour sa fille, fera ma paix elle-même avec son fils.

C'étoient là les plus belles espérances du monde, et bien enchaînées, comme vous voyez; un moment de réflexion les détruisoit toutes.

Psyché se confirma toutefois dans son dessein. Elle s'informa du plus prochain temple de Cythérée, résolue, si la Déesse n'y étoit présente, de s'embarquer et d'aller en Cypre. On lui dit qu'à trois ou quatre journées de là il y en avoit un fort fameux et fort fréquenté, portant pour inscription : A LA DÉESSE DES GRACES. Apparemment Vénus s'y plaisoit, et y tenoit souvent en personne son tribunal, vu les miracles qui s'y faisoient, et le grand concours de gens qui y accouroient de tous les côtés. Il y en avoit même qui se vantoient de l'y avoir vue plusieurs fois.

Notre bergere se met en chemin, plus heureuse, ce lui sembloit, que devant l'oracle : car elle savoit du moins ce qu'elle avoit envie de faire; sortiroit d'irrésolution et d'incertitude, qui sont les pires de tous les maux; pourroit voir l'Amour, n'y ayant pas d'apparence que sa mere vînt si souvent en un lieu sans l'y amener. Supposé que la pauvre épouse n'eût cette satisfaction qu'en présence d'une belle-mere qui la haïssoit, et qui, bien loin de la reconnoître pour sa bru, la traiteroit en esclave; c'étoit toujours quelque chose; les affaires pourroient changer; la compassion, la vue de la Belle, son humilité, sa douceur, le peu de liberté de l'entretenir, tout cela seroit capable de rallumer le desir du Dieu. En tout cas elle le verroit, et c'étoit beaucoup : toutes peines lui seroient douces quand elles lui pourroient procurer un quart-d'heure de ce plaisir.

Psyché se flattoit ainsi : pauvre infortunée qui ne songeoit pas combien les haines des femmes sont violentes! Hélas! la Belle ne savoit guere ce que le destin lui préparoit. Le cœur lui battit pourtant dès qu'elle approcha de la contrée où étoit le temple. Long-temps devant que l'on y arrivât on respiroit un air embaumé, tant à cause des personnes qui venoient offrir des parfums à la Déesse, et qui étoient parfumées elles-mêmes, que parceque le chemin étoit bordé d'orangers, de jasmins, de myrtes, et tout le pays parsemé de fleurs.

On découvroit le temple de loin, quoiqu'il fût situé dans une vallée; mais cette vallée étoit spacieuse, plus longue que large, ceinte de côteaux merveilleusement agréables. Ils étoient mêlés de bois, de champs, de prairies, d'habitations, qui se ressentoient d'un long calme. Vénus avoit obtenu de Mars une sauve-garde pour tous ces lieux. Les animaux même ne s'y faisoient point la guerre; jamais de loups; jamais d'autres pieges que ceux que l'Amour fait tendre. Dès qu'on avoit atteint l'âge de discernement on se faisoit enregistrer dans la confrérie de ce Dieu; les filles à douze ans, les garçons à quinze. Il y en avoit à qui l'amour venoit avant la raison. S'il se rencontroit une indifférente, on en purgeoit le pays; sa famille étoit séquestrée pour un certain temps : le clergé de la Déesse avoit soin de purifier le canton où ce prodige étoit survenu. Voilà quant aux mœurs et au gouvernement du pays. Il abondoit en oiseaux de joli plumage. Quelques tourterelles s'y rencontroient : on en comptoit jusqu'à trois especes; tourterelles oiseaux, tourterelles nymphes, et tourterelles bergeres. La seconde espece étoit rare.

Au milieu de la vallée couloit un canal de même longueur que la plaine, large comme un fleuve, et d'une eau si transparente, qu'un atome se fût vu au fond; en un mot, vrai crystal fondu. Force Nymphes et force Sirenes s'y jouoient : on les prenoit à la main. Les personnes riches avoient coutume de s'embarquer sur ce canal qui les conduisoit jusqu'aux degrés du parvis. Ils louoient je ne sais combien d'Amours; qui plus, qui moins, selon la charge qu'avoit le vaisseau; chaque Amour avoit son cygne, qu'il atteloit à la barque, et, monté dessus, il le conduisoit avec un ruban. Deux autres nacelles suivoient; l'une chargée de musique, l'autre de bijoux et d'oranges douces. Ainsi s'en alloit la barque fort gaiement.

De chaque côté du canal s'étendoit une prairie verte comme fine émeraude, et bordée d'ombrages délicieux.

Il n'y avoit point d'autres chemins : ceux-là étoient tellement fréquentés, que Psyché jugea à propos de ne marcher que de nuit. Sur le point du jour elle arriva à un lieu nommé les deux sépultures. Je vous en dirai la raison, parceque l'origine du temple en dépend.

Un roi de Lydie, appelé Philocharès, pria autrefois les Grecs de lui donner femme. Il ne lui importoit de quelle naissance, pourvu que la beauté s'y trouvât : une fille est noble quand elle est belle. Ses ambassadeurs disoient que leur prince avoit le goût extrêmement délicat.

On lui envoya deux jeunes filles; l'une s'appeloit Myrtis, l'autre Megano. Celle-ci étoit fort grande, de belle taille, les traits du visage très beaux, et si bien proportionnés qu'on n'y trouvoit que reprendre; l'esprit fort doux. Avec cela, son esprit, sa beauté, sa taille, sa personne, ne touchoient point, faute de vénus qui donnât le sel à ces choses. Myrtis au contraire excelloit en ce point-là. Elle n'avoit pas une beauté si parfaite que Megano : même un médiocre critique y auroit trouvé matiere de s'exercer. En récompense, il n'y avoit si petit endroit sur elle qui n'eût sa vénus, et plutôt deux qu'une, outre celle qui animoit tout le corps en général. Aussi le roi la préféra-t-il à Megano, et voulut qu'on la nommât Aphrodisée, tant à cause de ce charme, que parceque le nom de Myrtis sentoit sa bergere ou sa nymphe au plus, et ne sonnoit pas assez pour une reine.

Les gens de sa cour, afin de plaire à leur prince, appelerent Megano Anaphrodite. Elle en conçut un tel déplaisir qu'elle mourut peu de temps après. Le roi la fit enterrer honorablement.

Aphrodisée vécut fort long-temps, et toujours heureuse, possédant le cœur de son mari tout entier : on lui en offrit beaucoup d'autres qu'elle refusa. Comme les Graces étoient cause de son bonheur, elle se crut obligée à quelque reconnoissance envers leur Déesse, et persuada à son mari de lui faire bâtir un temple; disant que c'étoit un vœu qu'elle avoit fait.

Philocharès approuva la chose : il y consuma tout ce qu'il avoit de richesses; puis ses sujets y contribuerent.

Ici repose Mirtis...

Imp Gény Gros Th. Belin exc

La dévotion fut si grande, que les femmes consentirent que l'on vendît leurs colliers; et, n'en ayant plus, elles suivirent l'exemple de Rhodope.

Myrtis eut la satisfaction de voir, avant que de mourir, le parachèvement de son vœu. Elle ordonna par son testament qu'on lui bâtit un tombeau le plus près du temple qu'il se pourroit, hors du parvis toutefois, joignant le chemin le plus fréquenté. Là ses cendres seroient enfermées, et son aventure écrite à l'endroit le plus en vue.

Philocharès, qui lui survécut, exécuta cette volonté. Il fit élever à son épouse un mausolée digne d'elle et de lui aussi; car son cœur y devoit tenir compagnie à celui d'Aphrodisée. Et, pour rendre plus célebre la mémoire de cette chose, et la gloire de Myrtis plus grande, on transporta en ce lieu les cendres de Megano. Elles furent mises dans un tombeau presque aussi superbe que le premier, sur l'autre côté du chemin; les deux sépulcres se regardoient. On voyoit Myrtis sur le sien, entourée d'Amours qui lui accommodoient le corps et la tête sur des carreaux. Megano, de l'autre part, se voyoit couchée sur le côté, un bras sous sa tête, versant des larmes, en la posture où elle étoit morte. Sur la bordure du mausolée où reposoit la reine des Lydiens ces mots se lisoient :

Ici repose Myrtis, qui parvint à la royauté par ses charmes, et qui en acquit le surnom d'Aphrodisée.

A l'une des faces qui regardoit le chemin ces autres paroles étoient :

Vous qui allez visiter ce temple, arrêtez un peu, et écoutez-moi. De simple bergere que j'étois née, je me suis vue reine. Ce qui m'a procuré ce bien, ce n'est pas tant la beauté que ce sont les graces. J'ai plu, et cela suffit. C'est ce que j'avois à vous dire. Honorez ma tombe de quelques fleurs; et, pour récompense, veuille la Déesse des Graces que vous plaisiez!

Sur la bordure de l'autre tombe étoient ces paroles :

Ici sont les cendres de Megano, qui ne put gagner le cœur qu'elle contestoit, quoiqu'elle eût une beauté accomplie.

A la face du tombeau ces autres paroles se rencontroient :

Si les rois ne m'ont aimée, ce n'est pas que je ne fusse assez belle pour mériter que les Dieux m'aimassent : mais je n'étois pas, dit-on, assez jolie. Cela se peut-il? Oui, cela se peut, et si bien qu'on me préféra ma compagne. Elle en acquit le surnom d'Aphrodisée, moi celui d'Anaphrodite. J'en suis morte de déplaisir. Adieu, passant; je ne te retiens pas davantage. Sois plus heureux que je n'ai été, et ne te mets point en peine de donner des larmes à ma mémoire. Si je n'ai fait la joie de personne, du moins ne veux-je troubler la joie de personne aussi.

Psyché ne laissa pas de pleurer. Megano, dit-elle, je ne comprends rien à ton aventure. Je veux que Myrtis eût des graces; n'est-ce pas en avoir aussi que d'être belle comme tu étois? Adieu, Megano : ne refuse point mes larmes; je suis accoutumée d'en verser. Elle alla ensuite jeter des fleurs sur la tombe d'Aphrodisée.

Cette cérémonie étant faite, le jour se trouva assez grand pour lui faire considérer le temple à son aise. L'architecture en étoit exquise, et avoit autant de grace que de majesté. L'architecte s'étoit servi de l'ordre ionique à cause de son élégance. De tout cela il résultoit une vénus que je ne saurois vous dépeindre. Le frontispice répondoit merveilleusement bien au corps. Sur le tympan du fronton se voyoit la naissance de Cythérée en figures de haut relief. Elle étoit assise dans une conque, en l'état d'une personne qui viendroit de se baigner, et qui ne feroit que de sortir de l'eau. Une des Graces lui épreignoit les cheveux encore tout mouillés; une autre tenoit des habits tout prêts pour les lui vêtir dès que la troisieme auroit achevé de l'essuyer. La Déesse regardoit son fils qui menaçoit déjà l'univers d'une de ses fleches. Deux Sirenes tiroient la conque. Mais comme cette machine étoit grande, le Zéphyre la poussoit un peu. Des légions de Jeux et de Ris se promenoient dans les airs : car Vénus naquit avec tout son équipage, toute grande, toute formée, toute prête à recevoir de l'amour et à en donner. Les gens de Paphos se voyoient de loin sur la rive, tendant les mains, les levant au ciel, et ravis d'admiration. Les colonnes et l'entablement étoient d'un marbre plus blanc qu'albâtre. Sur la frise une table de marbre noir portoit pour inscription du temple : A LA DÉESSE DES GRACES. Deux enfants à demi couchés sur l'architrave laissoient pendre à des cordons une médaille à deux têtes; c'étoient celles des fondateurs. A l'entour de la médaille on voyoit écrit :

Philocharès et Myrtis Aphrodisée son épouse ont dédié ce temple à Vénus.

Sur chaque base des deux colonnes les plus proches de la porte étoient entaillés ces mots : OUVRAGE DE LYSIMANTE; nom de l'architecte apparemment.

Avant que d'entrer dans le temple, je vous dirai un mot du parvis. C'étoient des portiques ou galeries basses; et au-dessus des appartements fort superbes, chambres dorées, cabinets et bains; enfin mille lieux où ceux qui apportoient de l'argent trouvoient de quoi l'employer; ceux qui n'en apportoient point, on les renvoyoit.

Psyché, voyant ces merveilles, ne se put tenir de soupirer : elle se souvint du palais dont elle avoit été la maîtresse.

Le dedans du temple étoit orné à proportion. Je ne m'arrêterai pas à vous le décrire : c'est assez que vous sachiez que toutes sortes de vœux, dont toutes sortes de personnes s'étoient acquittées, s'y voyoient en des chapelles particulieres, pour éviter la confusion, et ne rien cacher de l'architecture du temple. Là quelques auteurs avoient envoyé des offrandes pour reconnoissance de la vénus que leur avoit départie le Ciel. Ils étoient en petit nombre. Les autres arts, comme la peinture et ses sœurs, en fournissoient beaucoup davantage. Mais la multitude venoit des Belles et de leurs amants : l'un pour des faveurs secretes; l'autre pour un mariage; celle-ci pour avoir enlevé un amant à cette autre-là. Une certaine Callinicé, qui s'étoit maintenue jusqu'à soixante ans bien avec les Graces, et encore mieux avec les Plaisirs, avoit donné une lampe de vermeil doré, et la peinture de ses amours. Je ne vous aurois jamais spécifié ces dons : il s'en trouvoit même de Capitaines, dont les exploits, comme dit le bon Amyot, avoient cette grace de soudaineté qui les rendoit encore plus agréables.

L'architecture du tabernacle n'étoit guere plus ornée que celle du temple, afin de garder la proportion; et de crainte aussi que la vue, étant dissipée par une quantité d'ornements, ne s'en arrêtât d'autant moins à considérer l'image de la Déesse, laquelle étoit véritablement un chef-d'œuvre. Quelques envieux ont dit que Praxitele avoit pris la sienne sur le modele de celle-là. On l'avoit placée dans une niche de marbre noir, entre des colonnes de cette même couleur; ce qui la rendoit plus blanche, et faisoit un bel effet à la vue.

A l'un des côtés du sanctuaire on avoit élevé un trône

où Vénus, à demi couchée sur des coussins de senteur, recevoit, quand elle venoit en ce temple, les adorations des mortels, et distribuoit ses graces ainsi que bon lui sembloit. On ouvroit le temple assez matin, afin que le peuple fût écoulé quand les personnes qualifiées entreroient.

Cela ne servit de rien cette journée-là : car dès que Psyché parut, on s'assembla autour d'elle. On crut que c'étoit Vénus qui, pour quelque dessein caché ou pour se rendre plus familiere, peut-être aussi par galanterie, avoit un habit de simple bergere. Au bruit de cette merveille les plus paresseux accoururent incontinent.

La pauvre Psyché s'alla placer dans un coin du temple, honteuse et confuse de tant d'honneurs dont elle avoit grand sujet de craindre la suite, et ne pouvoit pourtant s'empêcher d'y prendre plaisir. Elle rougissoit à chaque moment, se détournoit quelquefois le visage, témoignoit qu'elle eût bien voulu faire sa priere : tout cela en vain; elle fut contrainte de dire qui elle étoit. Quelques uns la crurent; d'autres persisterent dans l'opinion qu'ils avoient.

La foule étoit tellement grande autour d'elle, que quand Vénus arriva, cette Déesse eut de la peine à passer. On l'avoit déja avertie de cette aventure; ce qui la fit accourir le visage en feu comme une Mégere, et non plus la reine des Graces, mais des Furies. Toutefois, de peur de sédition, elle se contint. Ses gardes lui ayant fait faire passage, elle s'alla placer sur son trône, où elle écouta quelques suppliants avec assez de distraction.

La meilleure partie des hommes étoit demeurée auprès de Psyché avec les femmes les moins jolies, ou qui étoient sans prétention et sans intérêt. Les autres avoient pris d'abord le parti de la Déesse; étant de la politique, parmi les personnes de ce sexe qui se sont mises sur le bon pied, de faire la guerre aux survenantes, comme à celles qui leur ôtent, pour ainsi dire, le pain de la main. Je ne saurois vous assurer bien précisément si elles tiennent cette coutume-là des auteurs, ou si les auteurs la tiennent d'elles.

Notre bergere n'osant approcher, la Déesse la fit venir. Une foule d'hommes l'accompagna, et la chose ressembloit plutôt à un triomphe qu'à un hommage. La pauvre Psyché n'étoit nullement coupable de ces honneurs : au contraire, si on l'eût crue, on ne l'auroit pas regardée : elle faisoit, de sa part, tout ce qu'une suppliante doit faire. La présence de Vénus lui avoit fait oublier sa harangue. Il est vrai qu'elle n'en eut pas besoin : car dès que Vénus la vit, à peine lui donna-t-elle le loisir de se prosterner; elle descendit de son trône : Je vous veux, dit-elle, entendre en particulier; venez à Paphos; je vous donnerai place en mon char.

Psyché se défia de cette douceur : mais quoi! il n'étoit plus temps de délibérer; et puis c'étoit à Paphos principalement qu'elle espéroit revoir son époux.

De crainte qu'elle n'échappât, Vénus la fit sortir avec elle; les hommes donnant mille bénédictions à leurs deux Déesses, et une partie des femmes disant entre elles : C'est encore trop que d'en avoir une : établissons parmi nous une république où les vœux, les adorations, les services, les biens d'Amour seront en commun. Si Psyché s'en vient encore une fois amuser les gens qui nous serviront à quelque chose, et qu'elle prétende réunir ainsi tous les cœurs sous une même domination, il nous la faut lapider. On se moqua des républicaines, et on souhaita bon voyage à notre bergere.

Cythérée la fit monter effectivement sur son char; mais ce fut avec trois Divinités de sa suite peu gracieuses : il y a de toutes sortes de gens à la cour. Ces Divinités étoient la Colere, la Jalousie et l'Envie; monstres sortis de l'abyme, impitoyables licteurs qui ne marchoient point sans fouets, et dont la vue seule étoit un supplice. Vénus s'en alla par un autre endroit.

Quand Psyché se vit dans les airs, en si mauvaise compagnie que celle-là, un tremblement la saisit, ses cheveux se hérisserent; la voix lui demeura au gosier. Elle fut long-temps sans pouvoir parler, immobile, changée en pierre, et plutôt statue que personne véritablement animée : on l'auroit crue morte, sans quelques soupirs qui lui échapperent. Les diverses peines des condamnés lui passerent devant les yeux; son imagination les lui figura

Cithorée la fit monter effectivement ſur ſon char, mais ce fut avec trois Divinitez de ſa ſuite peu gracieuſes;.... la colère, la jalouſie, & l'envie.

encore plus cruelles qu'elles ne sont : il n'y en eut point que la crainte ne lui fît souffrir par avance. Enfin, se jetant aux pieds de ces trois Furies : Si quelque pitié, dit-elle, loge en vos cœurs, ne me faites pas languir davantage : dites-moi à quel tourment je suis condamnée. Ne vous auroit-on point donné ordre de me jeter dans la mer? Je vous en épargnerai la peine, si vous voulez, et m'y précipiterai moi-même. Les trois filles de l'Achéron ne lui répondirent rien, et se contenterent de la regarder de travers.

Elle étoit encore à leurs genoux lorsque le char s'abattit. Il posa sa charge en un désert, dans l'arriere-cour d'un palais que Vénus avoit fait bâtir entre deux montagnes, à mi-chemin d'Amathonte et de Paphos. Quand Cythérée étoit lasse des embarras de sa cour, elle se retiroit en ce lieu avec cinq ou six de ses confidentes. Là qui que ce soit ne l'alloit voir. Des médisants disent toutefois que quelques amis particuliers avoient la clef du jardin.

Vénus étoit déja arrivée quand le char parut. Les trois satellites menerent Psyché dans la chambre où la Déesse se rajustoit. Cette même crainte qui avoit fait oublier à notre bergere la harangue qu'elle avoit faite lui en rafraîchit la mémoire. Bien que les grandes passions troublent l'esprit, il n'y a rien qui rende éloquent comme elles.

Notre infortunée se prosterna à quatre pas de la Déesse, et lui parla de la sorte : Reine des Amours et des Graces, voici cette malheureuse esclave que vous cherchez. Je ne vous demande pour récompense de l'avoir livrée que la permission de vous regarder. Si ce n'est point sacrilege à une misérable mortelle comme je suis de jeter les yeux sur Vénus, et de raisonner sur les charmes d'une Déesse, je trouve que l'aveuglement des hommes est bien grand d'estimer en moi de médiocres appas, après que les vôtres leur ont paru. Je me suis opposée inutilement à cette folie : ils m'ont rendu des honneurs que j'ai refusés, et que je ne méritois pas. Votre fils s'est laissé prévenir en ma faveur par les rapports fabuleux qu'on lui a faits. Les destins m'ont donnée à lui sans me demander mon consentement. En tout cela j'ai failli, puisque vous me jugez coupable. Je devois cacher des traits qui étoient cause de tant d'erreurs, je devois les défigurer; il falloit mourir, puisque vous m'aviez en aversion : je ne l'ai pas fait. Ordonnez-moi des punitions si séveres que vous voudrez, je les souffrirai sans murmure, trop heureuse si je vois votre divine bouche s'ouvrir pour prononcer l'arrêt de ma destinée.

Oui, Psyché, repartit Vénus, je vous en donnerai le plaisir. Votre feinte humilité ne me touche point. Il falloit avoir ces sentiments et dire ces choses devant que vous fussiez en ma puissance. Lorsque vous étiez à couvert des atteintes de ma colere, votre miroir vous disoit qu'il n'y avoit rien à voir après vous : maintenant que vous me craignez, vous me trouvez belle. Nous verrons bientôt qui remportera l'avantage. Ma beauté ne sauroit périr, et la vôtre dépend de moi; je la détruirai quand il me plaira. Commençons par ce corps d'albâtre dont mon fils a publié les merveilles, et qu'il appelle le temple de la blancheur. Prenez vos scions, Filles de la nuit, et me l'empourprez si bien que cette blancheur ne trouve pas même un asyle en son propre temple.

A cet ordre si cruel Psyché devint pâle, et tomba aux pieds de la Déesse sans donner aucune marque de vie. Cythérée se sentit émue : mais quelque démon s'opposa à ce mouvement de pitié, et la fit sortir.

Dès qu'elle fut hors, les ministres de sa vengeance prirent des branches de myrte; et se bouchant les oreilles ainsi que les yeux, elles déchirerent l'habit de notre bergere : innocent habit, hélas! celle qui l'avoit donné lui croyoit procurer un sort que tout le monde envieroit. Psyché ne reprit ses sens qu'aux premieres atteintes de la douleur. Le vallon retentit des cris qu'elle fut contrainte de faire : jamais les échos n'avoient répété de si pitoyables accents. Il n'y eut aucun endroit d'épargné dans tout ce beau corps, qui devant ces moments-là se pouvoit dire en effet le temple de la blancheur. Elle y régnoit avec un éclat que je ne saurois vous dépeindre.

Là les lis lui servoient de trône et d'oreillers :
Des escadrons d'Amours chez Psyché familiers

Furent chassés de cet asyle.
Le pleurer leur fut inutile :
Rien ne put attendrir les trois Filles d'enfer;
Leurs cœurs furent d'acier, leurs mains furent de fer.
La Belle eut beau souffrir : il fallut que ses peines
Allassent jusqu'au point que les sœurs inhumaines
Craignirent que Clothon ne survînt à son tour.
Ah! trop impitoyable Amour!
En quels lieux étois-tu? dis, cruel! dis, barbare!
C'est toi, c'est ton plaisir qui causa sa douleur :
Oui, tigre! c'est toi seul qui t'en dois dire auteur :
Psyché n'eût rien souffert sans ton courroux bizarre.
Le bruit de ses clameurs s'est au loin répandu;
Et tu n'en as rien entendu!
Pendant tous ses tourments tu dormois, je le gage;
Car ta brûlure n'étoit rien :
La Belle en a souffert mille fois davantage
Sans l'avoir mérité si bien.
Tu devois venir voir empourprer cet albâtre;
Il falloit amener une troupe de Ris :
Des souffrances d'un corps dont tu fus idolâtre
Vous vous seriez tous divertis.
Hélas! Amour, j'ai tort. Tu répandis des larmes
Quand tu sus de Psyché la peine et le tourment;
Et tu lui fis trouver un baume pour ses charmes
Qui la guérit en un moment.

Telle fut la premiere peine que Psyché souffrit. Quand Cythérée fut de retour, elle la trouva étendue sur les tapis dont cette chambre étoit ornée, près d'expirer, et n'en pouvant plus. La pauvre Psyché fit un effort pour se lever, et tâcha de contenir ses sanglots. Cythérée lui commanda de baiser les cruelles mains qui l'avoient mise en cet état. Elle obéit sans tarder, et ne témoigna nulle répugnance. Comme le dessein de la Déesse n'étoit pas de la faire mourir sitôt, elle la laissa guérir.

Parmi les servantes de Vénus il y en avoit une qui trahissoit sa maîtresse, et qui alloit redire à l'Amour le traitement que l'on faisoit à Psyché, et les travaux qu'on lui imposoit. L'Amour ne manquoit pas d'y pourvoir. Cette fois-là il lui envoya un baume excellent par celle qui étoit de l'intelligence, avec ordre de ne point dire de quelle part, de peur que Psyché ne crût que son mari étoit appaisé, et qu'elle n'en tirât des conséquences trop avantageuses. Le Dieu n'étoit pas encore guéri de sa brûlure, et tenoit le lit. L'opération de son baume irrita Vénus, à l'insu de qui la chose se conduisoit, et qui, ne sachant à quoi imputer ce miracle, résolut de se défaire de Psyché par une autre voie.

Sous l'une des deux montagnes qui couvroient à droite et à gauche cette maison, étoit une voûte aussi ancienne que l'univers. Là sourdoit une eau qui avoit la propriété de rajeunir; c'est ce qu'on appelle encore aujourd'hui la fontaine de Jouvence. Dans les premiers temps du monde il étoit libre à tous les mortels d'y aller puiser. L'abus qu'ils firent de ce trésor obligea les Dieux de leur en ôter l'usage. Pluton, prince des lieux souterrains, commit à la garde de cette eau un dragon énorme. Il ne dormoit point, et dévoroit ceux qui étoient si téméraires que d'en approcher. Quelques femmes se hasardoient, aimant mieux mourir que de prolonger une carriere où il n'y avoit plus ni beaux jours ni amants pour elles.

Cinq ou six jours étant écoulés, Cythérée dit à son esclave : Va-t'en tout-à-l'heure à la fontaine de Jouvence, et m'en rapporte une cruchée d'eau. Ce n'est pas pour moi, comme tu peux croire, mais pour deux ou trois de mes amies qui en ont besoin. Si tu reviens sans apporter de cètte eau, je te ferai encore souffrir le même supplice que tu as souffert.

Cette suivante, dont j'ai parlé, qui étoit aux gages de Cupidon, l'alla avertir. Il lui commanda de dire à Psyché que le moyen d'endormir le monstre étoit de lui chanter quelques longs récits qui lui plussent premièrement, et puis l'ennuyassent; et sitôt qu'il dormiroit qu'elle puisât de l'eau hardiment.

Psyché s'en va donc avec sa cruche. On n'osoit approcher de l'antre de plus de vingt pas. L'horrible concierge de ce palais en occupoit la plupart du temps l'entrée. Il avoit l'adresse de couler sa queue contre des broussailles, en sorte qu'elle ne paroissoit point; puis aussitôt que quelque animal venoit à passer, fût-ce un cerf, un cheval, un bœuf, le monstre la ramenoit en plusieurs retours, et en entortilloit les jambes de l'animal avec tant de soudaineté et de force, qu'il le faisoit trébucher, se jetoit dessus, puis s'en repaissoit. Peu de voyageurs s'y trouvoient surpris : l'endroit étoit plus connu et plus diffamé que le voisinage de Scylla et de Charybde. Lorsque Psyché alla à cette fontaine, le monstre se réjouissoit au soléil, qui tantôt doroit ses écailles, tantôt les faisoit paroître de cent couleurs.

Psyché, qui savoit quelle distance il falloit laisser entre lui et elle, car il ne pouvoit s'étendre fort loin, le Sort l'ayant attaché avec des chaînes de diamant, Psyché, dis-je, ne s'effraya pas beaucoup; elle étoit accoutumée à voir des dragons. Elle cacha le mieux qu'il lui fut possible sa cruche, et commença mélodieusement ce récit :

Dragon, gentil dragon, à la gorge béante,
Je suis messagere des Dieux :
Ils m'ont envoyée en ces lieux
T'annoncer que bientôt une jeune serpente,
Et qui change au soleil de couleur comme toi,
Viendra partager ton emploi.
Tu te dois ennuyer à faire cette vie;
Amour t'enverra compagnie.
Dragon, gentil dragon, que te dirai-je encor
Qui te chatouille et qui te plaise?
Ton dos reluit comme fin or;

Tes yeux sont flambants comme braise.
Tu te peux rajeunir sans dépouiller ta peau.
Quelle félicité d'avoir chez toi cette eau!
Si tu veux t'enrichir, permets que l'on y puise;
Quelque tribut qu'il faille, il te sera porté :
J'en sais qui, pour avoir cette commodité,
Donneront jusqu'à leur chemise.

Psyché chanta beaucoup d'autres choses qui n'avoient aucune suite, et que les oiseaux de ces lieux ne purent par conséquent retenir ni nous les apprendre. Le dragon l'écouta d'abord avec un très grand plaisir. A la fin il commença à bâiller, et puis s'endormit. Psyché prend vîte l'occasion. Il falloit passer entre le dragon et l'un des bords de l'entrée : à peine y avoit-il assez de place pour une personne. Peu s'en fallut que la Belle, de frayeur qu'elle eut, ne laissât tomber sa cruche; ce qui eût été pire que la goutte d'huile. Ce dormeur-ci n'étoit pas fait comme l'autre : son courroux et ses remontrances, c'étoit de mettre les gens en pieces. Notre héroïne vint à bout de son entreprise par un grand bonheur. Elle emplit sa cruche, et s'en retourna triomphante.

Vénus se douta que quelque puissance divine l'avoit assistée. De savoir laquelle, c'étoit le point. Son fils ne bougeoit du lit. Jupiter ni aucun des Dieux n'auroit laissé Psyché dans cet esclavage : les Déesses seroient les dernieres à la secourir. Ne t'imagine pas en être quitte, lui

Dragon, gentil dragon à la gorge béante,
Je suis messagère des Dieux.

dit Vénus : je te ferai des commandements si difficiles, que tu manqueras à quelqu'un ; et pour châtiment tu endureras la mort. Va me querir de la laine de ces moutons qui paissent au-delà du fleuve ; je m'en veux faire un habit. C'étoient les moutons du Soleil ; tous avoient des cornes, furieux au dernier point, et qui poursuivoient les loups. Leur laine étoit d'une couleur de feu si vif qu'il éblouissoit la vue. Ils paissoient alors de l'autre côté d'une riviere extrêmement large et profonde, qui traversoit le vallon à mille pas ou peu plus de ce château.

De bonne fortune pour notre Belle, Junon et Cérès vinrent voir Vénus dans le moment qu'elle venoit de donner cet ordre. Elles lui avoient déja rendu deux autres visites depuis la maladie de son fils, et avoient aussi vu l'Amour. Cette derniere visite empêcha Vénus de prendre garde à ce qui se passeroit, et donna une facilité à notre héroïne d'exécuter ce commandement. Sans cela il auroit été impossible, n'y ayant ni pont, ni bateau, ni gondole sur la riviere.

Cette suivante qui étoit de l'intelligence, dit à Psyché : Nous avons ici des cygnes que les Amours ont dressés à nous servir de gondoles ; j'en prendrai un : nous traverserons la riviere par ce moyen. Il faut que je vous tienne compagnie pour une raison que je vas vous dire ; c'est que ces moutons sont gardés par deux jeunes enfants sylvains qui commencent déja à courir après les bergeres et après les nymphes. Je passerai la premiere, et amuserai les deux jeunes faunes, qui ne manqueront pas de me poursuivre sans autre dessein que de folâtrer; car ils me connoissent et savent que j'appartiens à Vénus : au pis aller j'en serai quitte pour deux baisers; vous passerez cependant. Jusque-là voilà qui va bien, repartit Psyché; mais comment approcherai-je des moutons? me connoissent-ils aussi? savent-ils que j'appartiens à Vénus? Vous prendrez de leur laine parmi les ronces, répliqua cette suivante; ils y en laissent quand elle est mûre et qu'elle commence à tomber : tout ce canton-là en est plein. Comme la chose avoit été concertée elle réussit. Seulement, au lieu des deux baisers que l'on avoit dit, il en coûta quatre.

Pendant que notre bergere et sa compagne exécutent leur entreprise, Vénus prie les deux Déesses de sonder les sentiments de son fils. Il semble, à l'entendre, leur dit-elle, qu'il soit fort en colere contre Psyché; cependant il ne laisse pas sous main de lui donner assistance : au moins y a-t-il lieu de le croire. Vous m'êtes amies toutes deux, détournez-le de cet amour : représentez-lui le devoir d'un fils : dites-lui qu'il se fait tort. Il s'ouvrira bien plutôt à vous qu'il ne feroit à sa mere.

Junon et Cérès promirent de s'y employer. Elles allerent voir le malade. Il ne les satisfit point, et leur cacha le plus qu'il put sa pensée. Toutefois, autant qu'elles purent conjecturer, cette passion lui tenoit encore au cœur. Même il se plaignit de ce qu'on prétendoit le gouverner ainsi qu'un enfant. Lui un enfant! on ne considéroit donc pas qu'il terrassoit les Hercules, et qu'il n'avoit jamais eu d'autres toupies que leurs cœurs. Après cela, disoit-il, on me tiendra encore en tutele! on croira me contenter de moulinets et de papillons, moi qui suis le dispensateur d'un bien près de qui la gloire et les richesses sont des poupées! C'est bien le moins que je puisse faire que de retenir ma part de cette félicité-là. Je ne me marierai pas, moi qui en marie tant d'autres!

Les Déesses entrerent en ses sentiments, et retournerent dire à Vénus comme leur *légation* s'étoit passée. Nous vous conseillons en amies, ajouterent-elles, de laisser agir votre fils comme il lui plaira : il est désormais en âge de se conduire. Qu'il épouse Hébé, repartit Vénus : qu'il choisisse parmi les Muses, parmi les Graces, parmi les Heures; je le veux bien. Vous moquez-vous? dit Junon. Voudriez-vous donner à votre fils une de vos suivantes pour femme? et encore Hébé qui nous sert à boire? Pour les Muses, ce n'est pas le fait de l'Amour qu'une précieuse; elle le feroit enrager. La beauté des Heures est fort journaliere : il ne s'en accommodera pas non plus. Mais enfin, répliqua Vénus, toutes ces personnes sont des Déesses, et Psyché est simple mortelle. N'est-ce pas un parti bien avantageux pour mon fils que la cadette d'un roi de qui les états tourneroient dans la basse-cour de ce château? Ne méprisez pas tant Psyché, dit Cérès : vous pourriez pis faire que de la prendre pour votre bru. La beauté est rare parmi les Dieux; les richesses et la puissance ne le sont pas. J'ai bien voyagé, comme vous savez; mais je n'ai point vu de personne si accomplie. Junon fut contrainte d'avouer qu'elle avoit raison : et toutes deux conseillerent Cythérée de pourvoir son fils. Quel plaisir quand elle tiendroit entre les bras un petit Amour qui ressembleroit à son pere! Vénus demeura piquée de ce propos-là. Le rouge lui monta au front. Cela vous siéroit mieux qu'à moi, reprit-elle assez brusquement. Je me suis regardée tout ce matin, mais il ne m'a point semblé que j'eusse encore l'air d'une aïeule. Ces mots ne demeurerent pas sans réponse : et les trois amies se séparerent en se querellant.

Cérès et Junon étant montées sur leurs chars, Vénus alla faire des remontrances à son fils; et le regardant avec un air dédaigneux :

Il vous sied bien, lui dit-elle, de vouloir vous marier, vous qui ne cherchez que le plaisir! Depuis quand vous est venue, dites-moi, une si sage pensée? Voyez, je vous prie, l'homme de bien et le personnage grave et retiré que voilà! Sans mentir je voudrois vous avoir vu pere de famille pour un peu de temps; comment vous y prendriez-vous? Songez, songez à vous acquitter de votre emploi, et soyez le Dieu des amants : la qualité d'époux ne vous convient pas. Vous êtes accablé d'affaires de tous côtés; l'empire d'Amour va en décadence; tout languit, rien ne se conclut : et vous consumez le temps en des propositions inutiles de mariage! Il y a tantôt trois mois que vous êtes au lit, plus malade de fantaisie que d'une brûlure. Certes vous avez été blessé dans une occasion bien glorieuse pour vous! Le bel honneur, lorsque l'on dira que votre femme aura été cause de cet accident! Si c'étoit une maîtresse, je ne dis pas. Quoi! vous m'amenerez ici une matrône qui sera neuf mois de l'année à toujours se plaindre! Je la traînerai au bal avec moi! Savez-vous ce qu'il y a? ou renoncez à Psyché, ou je ne veux plus que vous passiez pour mon fils. Vous croyez peut-être que je ne puis faire un autre Amour, et que j'ai oublié la maniere dont on les fait : je veux bien que vous sachiez que j'en ferai un quand il me plaira. Oui j'en ferai un, plus joli que vous mille fois, et lui remettrai entre les mains votre empire. Qu'on me donne tout-à-l'heure cet arc et ces fleches, et tout l'attirail dont je vous ai équipé; aussi bien vous est-il inutile désormais : je vous le rendrai quand vous serez sage.

L'Amour se mit à pleurer; et prenant les mains de sa mere il les lui baisa. Ce n'étoit pas encore parler comme il faut. Elle fit tout son possible pour l'obliger à donner parole qu'il renonceroit à Psyché; ce qu'il ne voulut jamais faire. Cythérée sortit en le menaçant.

Pour achever le chagrin de cette Déesse, Psyché arriva avec un paquet de laine aussi pesant qu'elle. Les choses s'étoient passées de ce côté-là avec beaucoup de succès. Le cygne avoit merveilleusement bien fait son devoir, et les deux sylvains le leur : de voir, de courir, et rien davantage; hormis qu'ils danserent quelques chansons avec la suivante, lui déroberent quelques baisers, lui donnerent quelques brins de thym et de marjolaine, et peut-être la cotte verte, le tout avec la plus grande honnêteté du monde. Psyché cependant faisoit sa main. Pas un des moutons ne s'écarta du troupeau pour venir à elle. Les ronces se laisserent ôter leurs belles robes sans la piquer une seule fois. Psyché repassa la premiere.

A son retour Cythérée lui demanda comme elle avoit fait pour traverser la riviere. Psyché répondit qu'il n'en avoit pas été besoin, et que le vent avoit envoyé des flocons de laine de son côté. Je ne croyois pas, reprit Cythérée, que la chose fût si facile : je me suis trompée dans mes mesures, je le vois bien; la nuit nous suggérera quelque chose de meilleur.

Le fils de Vénus, qui ne songeoit à autre chose qu'à tirer Psyché de tous ses dangers, et qui n'attendoit peut-être pour se raccommoder avec elle que sa guérison et le retour de ses forces, avoit remandé premièrement le Zéphyre, et fait venir dans le voisinage une Fée qui faisoit parler les pierres. Rien ne lui étoit impossible : elle se moquoit du destin, disposoit des vents et des astres, et faisoit aller le monde à sa fantaisie.

Cythérée ne savoit pas qu'elle fût venue. Quant au Zéphyre, elle l'apperçut; et ne douta nullement que ce ne fût lui qui eût assisté Psyché. Mais s'étant la nuit avisée d'un commandement qu'elle croyoit hors de toute possibilité, elle dit le lendemain à son fils : L'agent général de vos affaires n'est pas loin de ce château; vous lui avez défendu de s'écarter : je vous défie tous tant que vous êtes. Vous serez habiles gens l'un et l'autre si vous empêchez que votre Belle ne succombe au commandement que je lui ferai aujourd'hui.

En disant ces mots elle fit venir Psyché, lui ordonna de la suivre, et la mena dans la basse-cour du château. Là, sous une espece de halle, étoient entassés pêle-mêle quatre différentes sortes de grains, lesquels on avoit donnés à la Déesse pour la nourriture de ses pigeons. Ce n'étoit pas proprement un tas, mais une montagne; il occupoit toute la largeur du magasin, et touchoit le faîte. Cythérée dit à Psyché : Je ne veux dorénavant nourrir mes pigeons que de mil ou de froment pur : c'est pourquoi sépare ces quatre sortes de grains. Fais-en quatre tas aux quatre coins du monceau, un tas de chaque espece. Je m'en vas à Amathonte pour quelques affaires de plaisir : je reviendrai sur le soir. Si à mon retour je ne trouve la tâche faite, et qu'il y ait seulement un grain de mêlé, je t'abandonnerai aux ministres de ma vengeance.

A ces mots elle monte sur son char, et laisse Psyché désespérée. En effet ce commandement étoit un travail, non pas d'Hercule, mais de démon.

Sitôt que l'Amour le sut, il en envoya avertir la Fée, qui, par ses suffumigations, par ses cercles, par ses paroles, contraignit tout ce qu'il y avoit de fourmis au monde d'accourir à l'entour du tas, autant celles qui habitoient aux extrémités de la terre que celles du voisinage. Il y eut telle fourmi qui fit ce jour-là quatre mille lieues. C'étoit un plaisir que d'en voir des hordes et des caravanes arriver de tous côtés.

Il en vient des climats où commande l'Aurore,
De ceux que ceint Thétis, et l'Océan encore;
L'Indien dégarnit toutes ses régions;
Le Garamante envoie aussi ses légions;
Il en part du couchant des nations entieres;
Le nord ni le midi n'ont plus de fourmilieres;
Il semble qu'on en ait épuisé l'univers :
Les chemins en sont noirs, les champs en sont couverts;
Maint vieux chêne en fournit des cohortes nombreuses;
Il n'est arbre mangé qui sous ses voûtes creuses
Souffre que de ce peuple il reste un seul essaim :
Tout déloge; et la terre en tire de son sein.
  L'éthiopique gent arrive, et se partage.
On crée en chaque troupe un maître de l'ouvrage.

Il a l'œil sur sa bande; aucun n'ose faillir.
On entend un bruit sourd, le mont semble bouillir.
Déja son tour décroît, sa hauteur diminue.
A la soudaineté l'ordre aussi contribue.
Chacun a son emploi parmi les travailleurs;
L'un sépare le grain que l'autre emporte ailleurs.
Le monceau disparoît ainsi que par machine.
Quatre tas différents réparent sa ruine;
De blé, riche présent qu'à l'homme ont fait les cieux;
De mil, pour les pigeons manger délicieux;
De seigle, au goût aigret; d'orge rafraîchissante,
Qui donne aux gens du nord la cervoise engraissante.
Telles l'on démolit les maisons quelquefois :
La pierre est mise à part; à part se met le bois :
On voit comme fourmis gens autour de l'ouvrage.
En son être premier retourne l'assemblage :
Là sont des tas confus de marbres non gravés,
Et là les ornements qui se sont conservés.

Les fourmis s'en retournerent aussi vîte qu'elles étoient venues, et n'attendirent pas le remerciement. Vivez heureuses, leur dit Psyché, je vous souhaite des magasins qui ne désemplissent jamais. Si c'est un plaisir de se tourmenter pour les biens du monde, tourmentez-vous, et vivez heureuses.

Quand Vénus fut de retour, et qu'elle apperçut les quatre monceaux, son étonnement ne fut pas petit : son chagrin fut encore plus grand. On n'osoit approcher d'elle, ni seulement la regarder. Il n'y eut ni Amours ni Graces qui ne s'enfuissent. Quoi! dit Cythérée en elle-même, une esclave me résistera! je lui fournirai tous les jours une nouvelle matiere de triompher! Et qui craindra désormais Vénus? qui adorera sa puissance? car, pour la beauté, je n'en parle plus; c'est Psyché qui en est déesse. O destins, que vous ai-je fait? Junon s'est vengée d'Io et de beaucoup d'autres; il n'est femme qui ne se venge : Cythérée seule se voit privée de ce doux plaisir! Si faut-il que j'en vienne à bout. Vous n'êtes pas encore à la fin, Psyché, mon fils vous fait tort : plus il s'opiniâtre à vous protéger, plus je m'opiniâtrerai à vous perdre.

Cette résolution n'eut pas tout l'effet que Vénus s'étoit promis. A deux jours de là elle fit appeler Psyché, et dissimulant son dépit : Puisque rien ne vous est impossible, lui dit-elle, vous irez bien au royaume de Proserpine; et n'espérez pas m'échapper quand vous serez hors d'ici : en quelque lieu de la terre que vous soyez, je vous trouverai. Si vous voulez toutefois ne point revenir des enfers, j'en suis très contente. Vous ferez mes compliments à la reine de ces lieux-là, et vous lui direz que je la prie de me donner une boîte de son fard; j'en ai besoin, comme vous voyez : la maladie de mon fils m'a toute changée. Rapportez-moi sans tarder ce que l'on vous aura donné, et n'y touchez point.

Psyché partit tout-à-l'heure. On ne la laissa parler à qui que ce soit. Elle alla trouver la Fée que son mari avoit fait venir : cette Fée étoit dans le voisinage sans que personne en sût rien. De peur de soupçon, elle ne tint pas long discours à notre héroïne. Seulement elle lui dit : Vous voyez d'ici une vieille tour; allez-y tout droit, et entrez dedans; vous y apprendrez ce qu'il vous faut faire. N'appréhendez point les ronces qui bouchent la porte; elles se détourneront d'elles-mêmes.

Psyché remercie la Fée, et s'en va au vieux bâtiment. Entrée qu'elle fut, la tour lui parla : Bon jour, Psyché, lui dit-elle; que votre voyage vous soit heureux! Ce m'est un très grand honneur de vous recevoir en mes murs : jamais rien de si charmant n'y étoit entré. Je sais le sujet qui vous amene. Plusieurs chemins conduisent aux enfers; n'en prenez aucun de ceux qu'on prend d'ordinaire. Descendez dans cette cave que vous voyez, et garnissez-vous auparavant de ce qui est à vos pieds : ce panier à anse vous aidera à le porter.

Psyché baissa aussitôt la vue; et comme le faîte de la tour étoit découvert, elle vit à terre une lampe, six boules de cire, un gros paquet de ficelle, un panier, avec deux deniers.

Vous avez besoin de toutes ces choses, poursuivit la tour. Que la profondeur de cette cave ne vous effraie point, quoique vous ayez près de mille marches à descendre : cette lampe vous aidera. Vous suivrez à sa lueur un chemin voûté qui est dans le fond, et qui vous conduira jusqu'au bord du Styx. Il vous faudra donner à Caron un de ces deniers pour le passage, aussi bien en revenant qu'en allant. C'est un vieillard qui n'a aucune considération pour les Belles, et qui ne vous laissera pas monter dans sa barque sans payer le droit. Le fleuve passé, vous rencontrerez un âne boiteux et n'en pouvant plus de vieillesse, avec un misérable qui le chassera. Celui-ci vous priera de lui donner par pitié un peu de ficelle, si vous en avez dans votre panier, afin de lier certains paquets dont son âne sera chargé. Gardez-vous de lui accorder ce qu'il vous demandera; c'est un piege que vous tend Vénus. Vous avez besoin de votre ficelle à une autre chose; car vous entrerez incontinent dans un labyrinthe dont les routes sont fort aisées à tenir en allant; mais, quand on en revient, il est impossible de les démêler : ce que vous ferez toutefois par le moyen de cette ficelle. La porte de deçà du labyrinthe n'a point de portier; celle de delà en a un : c'est un chien qui a trois gueules, plus grand qu'un ours. Il discerne à l'odorat les morts d'avec les vivants, car il se rencontre des personnes qui ont affaire aussi bien que vous en ces lieux. Le portier laisse passer les premiers, et étrangle les autres devant qu'ils passent. Vous lui empâterez ses trois gueules en lui jetant dans chacune une de vos boules de cire, autant au retour. Elles auront aussi la force de l'endormir. Dès que vous serez sortie du labyrinthe, deux démons des champs élysées viendront au-devant de vous, et vous conduiront jusqu'au trône de Proserpine. Adieu, charmante Psyché : que votre voyage vous soit heureux!

Psyché remercie la tour, prend le panier avec l'équipage, descend dans la cave, et, pour abréger, elle arrive saine et sauve au-delà du labyrinthe, malgré les spectres qui se présenterent sur son passage.

Il ne sera pas hors de propos de vous dire qu'elle vit sur les bords du Styx gens de tous états arrivant de tous les côtés. Il y avoit dans la barque, lorsque la Belle passa, un roi, un philosophe, un général d'armée, je ne sais combien de soldats, avec quelques femmes. Le roi se mit à pleurer de ce qu'il falloit quitter un séjour où étoient de si beaux objets. Le philosophe, au contraire, loua les Dieux de ce qu'il en étoit sorti avant que de voir un objet si capable de le séduire, et dont il pouvoit alors approcher sans aucun péril. Les soldats disputerent entre eux à qui s'asseieroit le plus près d'elle, sans aucun respect du roi ni aucune crainte du général, qui n'avoit pas son bâton de commandement. La chose alloit à se battre et à renverser la nacelle, si Caron n'eût mis le hola à coups d'aviron. Les femmes environnerent Psyché, et se consolerent des avantages qu'elles avoient perdus, voyant que notre héroïne en perdoit bien d'autres : car elle ne dit à personne qu'elle fût vivante. Son habit étonna pourtant la compagnie, tous les autres n'ayant qu'un drap.

Aussitôt qu'elle fut sortie du labyrinthe, les deux démons l'aborderent et lui firent voir les singularités de ces lieux. Elles sont tellement étranges que j'ai besoin d'un style extraordinaire pour vous les décrire.

Polyphile se tut à ces mots ; et après quelques moments de silence il reprit d'un ton moins familier :

Le royaume des morts a plus d'une avenue.
Il n'est route qui soit aux humains si connue.
Des quatre coins du monde on se rend aux enfers.
Tisiphone les tient incessamment ouverts.
La faim, le désespoir, les douleurs, le long âge,
Menent par tous endroits à ce triste passage ;
Et quand il est franchi, les filles du Destin
Filent aux habitants une nuit sans matin.
Orphée a toutefois mérité par sa lyre
De voir impunément le ténébreux empire.
Psyché par ses appas obtint même faveur :
Pluton sentit pour elle un moment de ferveur :
Proserpine craignit de se voir détrônée,
Et la boîte de fard à l'instant fut donnée.
L'esclave de Vénus, sans guide et sans secours,
Arriva dans les lieux où le Styx fait son cours.
Sa cruelle ennemie eut soin que le Cerbere

Lui lançât des regards enflammés de colere.
Par les monstres d'enfer rien ne fut épargné.
Elle vit ce qu'en ont tant d'auteurs enseigné.
Mille spectres hideux, les hydres, les harpies,
Les triples Gérions, les mânes des Tityes,
Présentoient à ses yeux maint fantôme trompeur
Dont le corps retournoit aussitôt en vapeur.
Les cantons destinés aux ombres criminelles,
Leurs cris, leur désespoir, leurs douleurs éternelles.
Tout l'attirail qui suit tôt ou tard les méchants,
La remplirent de crainte et d'horreur pour ces champs.
Là, sur un pont d'airain, l'orgueilleux Salmonée,
Triste chef d'une troupe aux tourments condamnée,
S'efforçoit de passer en des lieux moins cruels,
Et par-tout rencontroit des feux continuels.
Tantale aux eaux du Styx portoit en vain sa bouche,
Toujours proche d'un bien que jamais il ne touche :
Et Sisyphe en sueur essayoit vainement
D'arrêter son rocher pour le moins un moment.
Là les sœurs de Psyché, dans l'importune glace
D'un miroir que sans cesse elles avoient en face,
Revoyoient leur cadette heureuse, et dans les bras,
Non d'un monstre effrayant, mais d'un Dieu plein d'appas.
En quelque lieu qu'allât cette engeance maudite,
Le miroir se plaçoit toujours à l'opposite.
Pour les tirer d'erreur leur cadette accourut;
Mais ce couple s'enfuit sitôt qu'elle parut.
Non loin d'elles Psyché vit l'immortelle tâche
Où les cinquante sœurs s'exercent sans relâche.

La Belle les plaignit, et ne put sans frémir
Voir tant de malheureux occupés à gémir.
Chacun trouvoit sa peine au plus haut point montée :
Ixion souhaitoit le sort de Prométhée;
Tantale eût consenti, pour assouvir sa faim,
Que Pluton le livrât à des flammes sans fin.
En un lieu séparé l'on voit ceux de qui l'ame
A violé les droits de l'amoureuse flamme,
Offensé Cupidon, méprisé ses autels,
Refusé le tribut qu'il impose aux mortels.
Là souffre un monde entier d'ingrates, de coquettes :
Là Mégere punit les langues indiscretes,
Sur-tout ceux qui, tachés du plus noir des forfaits,
Se sont vantés d'un bien qu'on ne leur fit jamais.
Par de cruels vautours l'inhumaine est rongée;
Dans un fleuve glacé la volage est plongée;
Et l'insensible expie en des lieux embrasés,
Aux yeux de ses amants, les maux qu'elle a causés.
Ministres, confidents, domestiques perfides,
Y lassent sous les fouets le bras des Euménides.
Près d'eux sont les auteurs de maint hymen forcé,
L'amant chiche, et la dame au cœur intéressé;
La troupe des censeurs, peuple à l'amour rebelle;
Ceux enfin dont les vers ont noirci quelque Belle.

Vénus avoit obligé Mercure par ses caresses de prier, de la part de cette Déesse, toutes les puissances d'enfer d'effrayer tellement son ennemie par la vue de ces fantômes et de ces supplices, qu'elle en mourût d'appréhension, et mourût si bien que la chose fût sans retour, et qu'il ne restât plus de cette Beauté qu'une ombre légere. Après quoi, disoit Cythérée, je permets à mon fils d'en être amoureux, et de l'aller trouver aux enfers pour lui renouveler ses caresses.

Cupidon ne manqua pas d'y pourvoir : et dès que Psyché eut passé le labyrinthe, il la fit conduire, comme je crois vous avoir dit, par deux démons des champs élysées; ceux-là ne sont pas méchants. Ils la rassurerent, et lui apprirent quels étoient les crimes de ceux qu'elle voyoit tourmentés. La Belle en demeura toute consolée, n'y trouvant rien qui eût du rapport à son aventure. Après tout, la faute qu'elle avoit commise ne méritoit pas une telle punition. Si la curiosité rendoit les gens malheureux jusqu'en l'autre monde, il n'y auroit pas d'avantage à être femme.

En passant auprès des champs élysées, comme le nombre des bienheureux a de tout temps été fort petit, Psyché n'eut pas de peine à y remarquer ceux qui jusqu'alors avoient fait valoir la puissance de son époux, gens du Parnasse pour la plupart. Ils étoient sous de beaux ombrages, se récitant les uns aux autres leurs poésies, et se donnant des louanges continuelles sans se lasser.

Enfin la Belle fut amenée devant le tribunal de Pluton. Toute la cour de ce Dieu demeura surprise. Depuis

Proserpine ils ne se souvenoient point d'avoir vu d'objet qui leur eût touché le cœur que celui-là seul. Proserpine même en eut de la jalousie; car son mari regardoit déja la Belle d'une autre sorte qu'il n'a coutume de faire ceux qui approchent de son tribunal, et il ne tenoit pas à lui qu'il ne se défît de cet air terrible qui fait partie de son apanage. Sur-tout il y avoit du plaisir à voir Rhadamanthe se radoucir. Pluton fit cesser pour quelques moments les souffrances et les plaintes des malheureux, afin que Psyché eût une audience plus favorable.

Voici à-peu-près comme elle parla, adressant sa voix tantôt à Pluton et à Proserpine conjointement, tantôt à cette Déesse seule.

Vous sous qui tout fléchit, Déités dont les lois
Traitent également les bergers et les rois;
Ni le desir de voir, ni celui d'être vue,
Ne me font visiter une cour inconnue :
J'ai trop appris, hélas! par mes propres malheurs,
Combien de tels plaisirs engendrent de douleurs.
Vous voyez devant vous l'esclave infortunée
Qu'à des larmes sans fin Vénus a condamnée.
C'est peu pour son courroux des maux que j'ai soufferts;
Il faut chercher encore un fard jusqu'aux enfers.
Reine de ces climats, faites qu'on me le donne.
Il porte votre nom; et c'est ce qui m'étonne.
Ne vous offensez point, Déesse aux traits si doux;
On s'apperçoit assez qu'il n'est pas fait pour vous.

Plaire sans fard est chose aux Déesses facile :
A qui ne peut vieillir cet art est inutile :
C'est moi qui doit tâcher, en l'état où je suis,
A réparer le tort que m'ont fait les ennuis.
Mais j'ai quitté le soin d'une beauté fatale.
La nature souvent n'est que trop libérale.
Plût au sort que mes traits à présent sans éclat
N'eussent jamais paru que dans ce triste état!
Mes sœurs les envioient : que mes sœurs étoient folles!
D'abord je me repus d'espérances frivoles.
Enfin l'Amour m'aima : je l'aimai sans le voir :
Je le vis; il s'enfuit; rien ne put l'émouvoir;
Il me précipita du comble de la gloire.
Souvenirs de ces temps, sortez de ma mémoire.
Chacun sait ce qui suit. Maintenant dans ces lieux
Je viens pour obtenir un fard si précieux.
Je n'en mérite pas la faveur singuliere;
Mais le nom de l'Amour se joint à ma priere.
Vous connoissez ce Dieu : qui ne le connoit pas?
S'il descend pour vous plaire au fond de ces climats,
D'une boîte de fard récompensez sa femme :
Ainsi durent chez vous les douceurs de sa flamme :
Ainsi votre bonheur puisse rendre envieux
Celui qui pour sa part eut l'empire des cieux!

Cette harangue eut tout le succès que Psyché pouvoit souhaiter. Il n'y eut ni démon ni ombre qui ne compatît au malheur de cette affligée, et qui ne blâmât Vénus. La pitié entra pour la premiere fois au cœur des Furies : et ceux qui avoient tant de sujets de se plaindre eux-mêmes mirent à part le sentiment de leurs propres maux pour plaindre l'épouse de Cupidon. Pluton fut sur le point de lui offrir une retraite dans ses états; mais c'est un asyle où les malheureux n'ont recours que le plus tard qu'il leur est possible. Proserpine empêcha ce coup : la jalousie la possédoit tellement, que, sans considérer qu'une ombre seroit incapable de lui nuire, elle recommanda instamment aux Parques de ne pas trancher à l'étourdie les jours de cette personne, et de prendre si bien leurs mesures qu'on ne la revît aux enfers que vieille et ridée. Puis, sans tarder davantage, elle mit entre les mains de Psyché une boîte bien fermée, avec défense de l'ouvrir, et avec charge d'assurer Vénus de son amitié. Pour Pluton, il ne put voir sans déplaisir le départ de notre héroïne, et le présent qu'on lui faisoit. Souvenez-vous, lui dit-il, de ce qu'il vous a coûté d'être curieuse. Allez; et n'accusez pas Pluton de votre destin.

Tant que le pays des morts continua, la boîte fut en assurance; Psyché n'avoit garde d'y toucher : elle appréhendoit que, parmi un si grand nombre de gens qui n'avoient que faire, il n'y en eût qui observassent ses actions.

Aussitôt qu'elle eut atteint notre monde, et, que se trouvant sous ce conduit souterrain, elle crut n'avoir pour témoins que les pierres qui le soutenoient, la voilà tentée

Puis ſans tarder davantage elle mit, entre les mains de Pſiché
une boëte bien fermée avec défense de l'ouvrir &...

Imp Geny Gros · Th Belin exc

à son ordinaire. Elle eut envie de savoir quel étoit ce fard dont Proserpine l'avoit chargée. Le moyen de s'en empêcher? elle seroit femme, et laisseroit échapper une telle occasion de se satisfaire! A qui le diroient ces pierres? possible personne qu'elle n'étoit descendu sous cette voûte depuis qu'on l'avoit bâtie. Puis ce n'étoit pas une simple curiosité qui la poussoit; c'étoit un desir naturel et bien innocent de remédier au déchet où étoient tombés ses appas. Les ennuis, le hâle, mille autres choses l'avoient tellement changée qu'elle ne se connoissoit plus elle-même. Il falloit abandonner les prétentions qui lui restoient sur le cœur de son mari, ou bien réparer ces pertes par quelque moyen. Où en trouveroit-elle un meilleur que celui qu'elle avoit en sa puissance, que de s'appliquer un peu de ce fard qu'elle portoit à Vénus? non qu'elle eût dessein d'en abuser ni de plaire à d'autres qu'à son mari; les Dieux le savoient : pourvu seulement qu'elle imposât à l'Amour, cela suffiroit. Tout artifice est permis quand il s'agit de regagner un époux. Si Vénus l'avoit crue si simple que de n'oser toucher à ce fard, elle s'étoit fort trompée : mais, qu'elle y touchât ou non, Cythérée l'en soupçonneroit toujours, ainsi il lui seroit inutile de s'en abstenir.

Psyché raisonna si bien qu'elle s'attira un nouveau malheur. Une certaine appréhension toutefois la retenoit : elle regardoit la boîte, y portoit la main, puis l'en retiroit, et l'y reportoit aussitôt. Après un combat qui fut assez long, la victoire demeura, selon sa coutume, à cette malheureuse curiosité. Psyché ouvrit la boîte en tremblant; et à peine l'eut-elle ouverte qu'il en sortit une vapeur fuligineuse, une fumée noire et pénétrante qui se répandit en moins d'un moment par tout le visage de notre héroïne, et sur une partie de son sein. L'impression qu'elle y fit fut si violente que Psyché soupçonna d'abord quelque sinistre accident, d'autant plus qu'il ne restoit dans la boîte qu'une noirceur qui la teignoit toute.

Psyché, alarmée, et se doutant presque de ce qui lui étoit arrivé, se hâta de sortir de cette cave, impatiente de rencontrer quelque fontaine dans laquelle elle pût apprendre l'état où cette vapeur l'avoit mise. Quand elle fut dans la tour, et qu'elle se présenta à la porte, les épines qui la bouchoient et qui s'étoient d'elles-mêmes détournées pour laisser passer Psyché la premiere fois, ne la reconnoissant plus, l'arrêterent. La tour fut contrainte de lui demander son nom. Notre infortunée le lui dit en soupirant. Quoi! c'est vous, Psyché? Qui vous a teint le visage de cette sorte? Allez vîte vous laver, et gardez bien de vous présenter en cet état à votre mari. Psyché court à un ruisseau qui n'étoit pas loin, le cœur lui battant de telle maniere que l'haleine lui manquoit à chaque pas. Enfin elle arriva sur le bord de ce ruisseau, et, s'étant penchée, elle y apperçut la plus belle More du monde.

Elle n'avoit ni le nez ni la bouche comme l'ont celles que nous voyons; mais enfin c'étoit une More. Psyché, étonnée, tourna la tête pour voir si quelque Africaine ne se regardoit point derriere elle. N'ayant vu personne, et certaine de son malheur, les genoux commencerent à lui faillir, les bras lui tomberent. Elle essaya toutefois inutilement d'effacer cette noirceur avec l'onde.

Après s'être lavée long-temps sans rien avancer : O destins, s'écria-t-elle, me condamnerez-vous à perdre aussi la beauté? Cythérée, Cythérée, quelle satisfaction vous attend! Quand je me présenterai parmi vos esclaves, elles me rebuteront; je serai le déshonneur de votre cour. Qu'ai-je fait qui méritât une telle honte? ne vous suffisoit-il pas que j'eusse perdu mes parents, mon mari, les richesses, la liberté, sans perdre encore l'unique bien avec lequel les femmes se consolent de tous malheurs? Quoi! ne pouviez-vous attendre que les années vous vengeassent? c'est une chose sitôt passée que la beauté des mortelles! la mélancolie seroit venue au secours du temps. Mais j'ai tort de vous accuser : c'est moi seule qui suis la cause de mon infortune; c'est cette curiosité incorrigible qui, non contente de m'avoir ôté les bonnes graces de votre fils, m'ôte aussi le moyen de les regagner. Hélas! ce sera ce fils le premier qui me regardera avec horreur, et qui me fuira. Je l'ai cherché par tout l'univers, et j'appréhende de le trouver. Quoi! mon mari qui me fuira! mon mari qui me trouvoit si charmante! Non, non, Vénus, vous n'aurez pas ce plaisir : et puisqu'il m'est défendu d'avancer mes jours, je me retirerai dans quelque désert où personne ne me verra; j'acheverai mes destins parmi les serpents et parmi les loups : il s'en trouvera quelqu'un d'assez pitoyable pour me dévorer.

Dans ce dessein elle court à une forêt voisine, s'enfonce dans le plus profond, choisit pour principale retraite un antre effroyable. Là son occupation est de soupirer et de répandre des larmes; ses joues s'applatissent; ses yeux se cavent; ce n'étoit plus celle de qui Vénus étoit devenue jalouse : il y avoit au monde telle mortelle qui l'auroit regardée sans envie.

L'Amour commençoit alors à sortir; et, comme il étoit guéri de sa colere aussi bien que de sa brûlure, il ne songeoit plus qu'à Psyché. Psyché devoit faire son unique joie; il devoit quitter ses temples pour servir Psyché : résolutions d'un nouvel amant. Les maris ont de ces retours, mais ils les font peu durer. Ce mari-ci ne se proposoit plus de fin dans sa passion, ni dans le bon traitement qu'il avoit résolu de faire à sa femme. Son dessein étoit de se jeter à ses pieds, de lui demander pardon, de lui protester qu'il ne retomberoit jamais en de telles bizarreries. Tant que la journée duroit il s'entretenoit de ces choses : la nuit venue il continuoit, et continuoit encore pendant son sommeil. Aussitôt que l'aurore commençoit à poindre, il

Psiché ouvrit la boëte en tremblant....

la prioit de lui ramener Psyché; car la Fée l'avoit assuré qu'elle reviendrait des enfers. Dès que le soleil étoit levé, notre époux quittoit le lit afin d'éviter les visites de sa mere, et s'alloit promener dans le bois où la belle Éthiopienne avoit choisi sa retraite : il le trouvoit propre à entretenir les rêveries d'un amant.

Un jour Psyché s'étoit endormie à l'entrée de sa caverne. Elle étoit couchée sur le côté, le visage tourné vers la terre, son mouchoir dessus, et encore un bras sur le mouchoir pour plus grande précaution, et pour s'empêcher plus assurément d'être vue. Si elle eût pu s'envelopper de ténebres, elle l'auroit fait. L'autre bras étoit couché le long de la cuisse; il n'avoit pas la même rondeur qu'autrefois : le moyen qu'une personne qui ne vivoit que de fruits sauvages, et laquelle ne mangeoit rien qui ne fût mouillé de ses pleurs, eût de l'embonpoint? La délicatesse et la blancheur y étoient toujours.

L'Amour l'apperçut de loin : il sentit un tressaillement qui lui dit que cette personne étoit Psyché. Plus il approchoit, et plus il se confirmoit dans ce sentiment; car quelle autre qu'elle auroit eu une taille si bien formée? Quand il se trouva assez près pour considérer le bras et la main, il n'en douta plus : non que la maigreur ne l'arrêtât; mais il jugeoit bien qu'une personne affligée ne pouvoit être en meilleur état. La surprise de ce Dieu ne fut pas petite; pour sa joie, je vous la laisse à imaginer. Un amant que nos romanciers auroient fait seroit demeuré deux heures à considérer l'objet de sa passion sans l'oser toucher, ni seulement interrompre son sommeil : l'Amour s'y prit d'une autre maniere. Il s'agenouilla d'abord auprès de Psyché, et lui souleva une main, laquelle il étendit sur la sienne; puis usant de l'autorité d'un Dieu et de celle d'un mari, il y imprima deux baisers.

Psyché étoit si fort abattue, qu'elle s'éveilla seulement au second baiser. Dès qu'elle apperçut l'Amour elle se leva, s'enfuit dans son antre, s'alla cacher à l'endroit le plus profond, tellement émue qu'elle ne savoit à quoi se résoudre. L'état où elle avoit vu le Dieu, cette posture de suppliant, ce baiser dont la chaleur lui faisoit connoître que c'étoit un véritable baiser d'amour, et non un baiser de simple galanterie, tout cela l'enhardissoit : mais de se montrer ainsi noire et défigurée à celui dont elle vouloit regagner le cœur, il n'y avoit pas d'apparence.

Cependant l'Amour s'étoit approché de la caverne; et repensant à l'ébene de cette personne qu'il avoit vue, il croyoit s'être trompé, et se vouloit quelque mal d'avoir pris une Éthiopienne pour son épouse. Quand il fut dans l'antre : Belle More, lui cria-t-il, vous ne savez guere ce que je suis, de me fuir ainsi; ma rencontre ne fait pas peur. Dites-moi ce que vous cherchez dans ces provinces; peu de gens y viennent que pour aimer : si c'est là ce qui vous amene, j'ai de quoi vous satisfaire. Avez-vous besoin d'un amant? je suis le Dieu qui les fais. Quoi! vous dédaignez de me répondre! vous me fuyez!

Hélas! dit Psyché, je ne vous fuis point; j'ôte seulement de devant vos yeux un objet que j'appréhende que vous ne fuyiez vous-même.

Cette voix si douce, si agréable, et autrefois familiere au fils de Vénus, fut aussitôt reconnue de lui. Il courut au coin où s'étoit réfugiée son épouse. Quoi! c'est vous! dit-il : quoi! ma chere Psyché, c'est vous! Aussitôt il se jeta aux pieds de la Belle. J'ai failli, continua-t-il en les embrassant : mon caprice est cause qu'une personne innocente, qu'une personne qui étoit née pour ne connoître que les plaisirs, a souffert des peines que les coupables ne souffrent point : et je n'ai pas renversé le ciel et la terre pour l'empêcher! je n'ai pas ramené le chaos au monde! je ne me suis pas donné la mort, tout Dieu que je suis! Ah! Psyché, que vous avez de sujets de me détester! Il faut que je meure, et que j'en trouve les moyens, quelque impossible que soit la chose.

Psyché chercha une de ses mains pour la lui baiser. L'Amour s'en douta, et se relevant : Ah! s'écria-t-il, que vous ajoutez de douceur à vos autres charmes! Je sais les sentiments que vous avez eus; toute la nature me les a dits : il ne vous est pas échappé un seul mot de plainte contre ce monstre qui étoit indigne de votre amour. Et comme elle lui avoit trouvé la main : Non, poursuivit-il, ne m'accordez point de telles faveurs; je n'en suis pas digne : je ne demande pour toute grace que quelque punition que vous m'imposiez vous-même. Ma Psyché, ma chere Psyché, dites-moi, à quoi me condamnez-vous?

Je vous condamne à être aimé de votre Psyché éternellement, dit notre héroïne; car que vous l'aimiez, elle auroit tort de vous en prier : elle n'est plus belle.

Ces paroles furent prononcées avec un ton de voix si touchant que l'Amour ne put retenir ses larmes. Il noya de pleurs l'une des mains de Psyché; et pressant cette main entre les siennes, il se tut long-temps, et par ce silence il s'exprima mieux que s'il eût parlé : les torrents de larmes firent ce que ceux de paroles n'auroient su faire. Psyché, charmée de cette éloquence, y répondit comme une personne qui en savoit tous les traits. Et considérez, je vous prie, ce que c'est d'aimer; le couple d'amants le mieux d'accord et le plus passionné qu'il y eût au monde, employoit l'occasion à verser des pleurs et à pousser des soupirs. Amants heureux, il n'y a que vous qui connoissiez le plaisir!

A cette exclamation Polyphile, tout transporté, laissa tomber l'écrit qu'il tenoit; et Acante, se souvenant de quelque chose, fit un soupir. Gélaste leur dit avec un

Dès qu'elle aperçut l'amour, elle se leva, s'enfuit dans son antre, l'alla cacher a l'endroit le plus profond...

Imp Beny Gros

souris moqueur : Courage, messieurs les amants, voilà qui est bien, et vous faites votre devoir. Oh! les gens heureux et trois fois heureux que vous êtes! moi, misérable! je ne saurois soupirer après le plaisir de verser des pleurs. Puis ramassant le papier de Polyphile : Tenez, lui dit-il, voilà votre écrit, achevez Psyché, et remettez-vous. Polyphile reprit son cahier, et continua ainsi :

Cette conversation de larmes devint à la fin conversation de baisers; je passe légèrement cet endroit. L'Amour pria son épouse de sortir de l'antre, afin qu'il apprît le changement qui étoit survenu en son visage, et pour y apporter remede s'il se pouvoit. Psyché lui dit en riant : Vous m'avez refusé, s'il vous en souvient, la satisfaction de vous voir lorsque je vous l'ai demandé, je vous pourrois rendre la pareille à bien meilleur droit, et avec bien plus de raison que vous n'en aviez; mais j'aime mieux me détruire dans votre esprit que de ne pas vous complaire. Aussi-bien faut-il que vous cherchiez un remede à la passion qui vous occupe : elle vous met mal avec votre mere, et vous fait abandonner le soin des mortels et la conduite de votre empire. En disant ces mots elle lui donna la main pour le mener hors de l'antre.

L'Amour se plaignit de la pensée qu'elle avoit, et lui jura par le Styx qu'il l'aimeroit éternellement, blanche ou noire, belle ou non belle; car ce n'étoit pas seulement son corps qui le rendoit amoureux, c'étoit son esprit et son ame par-dessus tout.

Quand ils furent sortis de l'antre, et que l'Amour eut jeté les yeux sur son épouse, il recula trois ou quatre pas, tout surpris et tout étonné. Je vous l'avois bien promis, lui dit-elle, que cette vue seroit un remede pour votre amour : je ne m'en plains pas, et n'y trouve point d'injustice. La plupart des femmes prennent le ciel à témoin quand cela arrive : elles disent qu'on doit les aimer pour elles, et non pas pour le plaisir de les voir; qu'elles n'ont point d'obligation à ceux qui cherchent seulement à se satisfaire; que cette sorte de passion qui n'a pour objet que ce qui touche les sens ne doit point entrer dans une belle ame, et est indigne qu'on y réponde; c'est aimer comme aiment les animaux; au lieu qu'il faudroit aimer comme les esprits détachés des corps. Les amants, les vrais amants, se mettent le plus qu'ils peuvent dans cet état : ils s'affranchissent de la tyrannie du temps; ils se rendent indépendants du hasard et de la malignité des astres : tandis que les autres sont toujours en transe, soit pour le caprice de la fortune, soit pour celui des saisons. Quand ils n'auroient rien à craindre de ce côté-là, les années leur font une guerre continuelle; il n'y a pas un moment au jour qui ne détruise quelque chose de leur plaisir; c'est une nécessité qu'il aille toujours en diminuant : et d'autres raisons très belles et très peu persuasives. Je n'en veux opposer qu'une à ces femmes. Leur beauté et leur jeunesse ont fait naître la passion que l'on a pour elles, il est naturel que le contraire l'anéantisse. Je ne vous demande donc plus d'amour; ayez seulement de l'amitié, ou, si je n'en suis pas digne, quelque peu de compassion. Il est de la qualité d'un Dieu comme vous d'avoir pour esclaves des personnes de mon sexe : faites-moi la grace que j'en sois une.

L'Amour trouva sa femme plus belle après ce discours qu'il ne l'avoit encore trouvée. Il se jeta à son cou : Vous ne m'avez, lui repartit-il, demandé que de l'amitié, je vous promets de l'amour. Et consolez-vous; il vous reste plus de beauté que n'en ont toutes les mortelles ensemble. Il est vrai que votre visage a changé de teint; mais il n'a nullement changé de traits : et ne comptez-vous pour rien le reste du corps? Qu'avez-vous perdu de lis et d'albâtre à comparaison de ce qui vous en est demeuré? Allons voir Vénus. Cet avantage qu'elle vient de remporter, quoiqu'il soit petit, la rendra contente, et nous réconciliera les uns et les autres : sinon j'aurai recours à Jupiter, et le prierai de vous rendre votre vrai teint. Si cela dépendoit de moi, vous seriez déja ce que vous étiez lorsque vous me rendîtes amoureux; ce seroit ici le plus beau moment de vos jours : mais un Dieu ne sauroit défaire ce qu'un autre Dieu a fait. Il n'y a que Jupiter à qui ce privilege soit accordé. S'il ne vous rend tous vos lis, sans qu'il y en ait un seul de perdu, je ferai périr la race des animaux et des hommes. Que feront les Dieux après cela? pour les roses, c'est mon affaire; et pour l'embonpoint, la joie le ramenera. Ce n'est pas encore assez, je veux que l'Olympe vous reconnoisse pour mon épouse.

Psyché se fût jetée à ses pieds, si elle n'eût su comme on doit agir avec l'Amour. Elle se contenta donc de lui dire en rougissant : Si je pouvois être votre femme sans être blanche, cela seroit bien plus court et bien plus certain.

Ce point-là vous est assuré, repartit l'Amour; je l'ai juré par le Styx : mais je veux que vous soyez blanche. Allons nous présenter à Vénus.

Psyché se laissa conduire, bien qu'elle eût beaucoup de répugnance à se montrer, et peu d'espérance de réussir. La soumission aux volontés de son époux lui fermoit les yeux : elle se seroit résolue pour lui complaire à des choses plus difficiles. Pendant le chemin elle lui conta les principales aventures de son voyage; la merveille de cette tour qui lui avoit donné des adresses; l'Achéron, le Styx, l'âne boiteux, le labyrinthe, et les trois gueules de son portier; les fantômes qu'elle avoit vus; la cour de Pluton et de Proserpine; enfin son retour, et sa curiosité qu'elle-même jugeoit très digne d'être punie.

Elle achevoit son récit quand ils arriverent à ce château qui étoit à mi-chemin de Paphos et d'Amathonte. Vénus se promenoit dans le parc. On lui alla dire de la part de l'Amour qu'il avoit une Africaine assez bien faite à lui présenter : elle en pourroit faire une quatrieme Grace, non seulement brune comme les autres, mais toute noire.

Cythérée rêvoit alors à sa jalousie; à la passion dont son fils étoit malade, et qui, tout considéré, n'étoit pas un crime; aux peines à quoi elle avoit condamné la pauvre Psyché, peines très cruelles, et qui lui faisoient à elle-même pitié. Outre cela l'absence de son ennemie avoit laissé refroidir sa colere, de façon que rien ne l'empêchoit plus de se rendre à la raison. Elle étoit dans le moment le plus favorable qu'on eût pu choisir pour accommoder les choses.

Cependant toute la cour de Vénus étoit accourue pour voir ce miracle, cette nouvelle façon de More : c'étoit à qui la regarderoit de plus près. Quelque étonnement que sa vue causât, on y prenoit du plaisir; et on auroit bien donné une demi-douzaine de blanches pour cette noire. Au reste, soit que la couleur eût changé son air, soit qu'il y eût de l'enchantement, personne ne se souvint d'avoir rien vu qui lui ressemblât. Les Jeux et les Ris firent connoissance avec elle d'abord, sans se la remettre, admirant les graces de sa personne, sa taille, ses traits, et disant tout haut que la couleur n'y faisoit rien. Néanmoins ce visage d'Éthiopienne enté sur un corps de Grecque sembloit quelque chose de fort étrange. Toute cette cour la considéroit comme un très beau monstre et très digne d'être aimé. Les uns assuroient qu'elle étoit fille d'un blanc et d'une noire, les autres d'un noir et d'une blanche.

Quand elle fut à quatre pas de Vénus, elle mit un genou en terre : Charmante reine de la beauté, lui dit-elle, c'est votre esclave qui revient des lieux où vous l'avez envoyée.

Tout le monde la reconnut aussitôt. On demeura fort surpris. Les Jeux et les Ris, qui sont un peuple assez étourdi, eurent de la discrétion cette fois-là, et dissimulerent leùr joie de peur d'irriter Vénus contre leur nouvelle maîtresse. Vous ne sauriez croire combien elle étoit aimée dans cette cour. La plupart des gens avoient résolu de se cantonner, à moins que Cythérée ne la traitât mieux.

Psyché remarqua fort bien les mouvements que sa présence excitoit dans le fond des cœurs, et qui paroissoient même sur les visages; mais elle n'en témoigna rien, et continua de cette sorte : Proserpine m'a donné charge de vous faire ses compliments, et de vous assurer de la continuation de son amitié. Elle m'a mis entre les mains une boîte que j'ai ouverte, bien que vous m'eussiez défendu de l'ouvrir. Je n'oserois vous prier de me pardonner, et je me viens soumettre à la peine que ma curiosité a méritée.

Vénus, jetant les yeux sur Psyché, ne sentit pas tout le plaisir et la joie que sa jalousie lui avoit promis. Un mouvement de compassion l'empêcha de jouir de sa vengeance et de la victoire qu'elle remportoit; si bien que, passant d'une extrémité en une autre, à la maniere des femmes, elle se mit à pleurer, releva elle-même notre héroïne, puis l'embrassa : Je me rends, dit-elle, Psyché; oubliez le mal que je vous ai fait. Si c'est effacer les sujets de haine que vous avez contre moi, et vous faire une satisfaction assez grande que de vous recevoir pour ma fille, je veux bien que vous la soyez. Montrez-vous meilleure que Vénus, aussi bien que vous êtes déja plus belle; ne soyez pas si vindicative que je l'ai été, et allez changer d'habit. Toutefois, ajouta-t-elle, vous avez besoin de repos. Puis se tournant vers les Graces : Mettez-la au bain qu'on a préparé pour moi, et faites-la reposer ensuite; je l'irai voir en son lit.

La Déesse n'y manqua pas, et voulut que notre héroïne couchât avec elle cette nuit-là; non pour l'ôter à son fils : mais on résolut de célébrer un nouvel hymen, et d'attendre que notre Belle eût repris son teint. Vénus consentit qu'il lui fût rendu; même qu'un brevet de Déesse lui fût donné, si tout cela se pouvoit obtenir de Jupiter.

L'Amour ne perd point de temps, et pendant que sa mere étoit en belle humeur, s'en va trouver le roi des Dieux. Jupiter, qui avoit appris l'histoire de ses amours, lui en demanda des nouvelles; comme il se portoit de sa brûlure; pourquoi il abandonnoit les affaires de son état. L'Amour répondit succinctement à ces questions, et vint au sujet qui l'amenoit.

Mon fils, lui dit Jupiter en l'embrassant, vous ne trouverez plus d'Éthiopienne chez votre mere : le teint de Psyché est aussi blanc que jamais il fut : j'ai fait ce miracle dès le moment que vous m'avez témoigné le souhaiter. Quant à l'autre point; le rang que vous demandez pour votre épouse n'est pas une chose si aisée à accorder qu'il vous semble. Nous n'avons parmi nous que trop de Déesses. C'est une nécessité qu'il y ait du bruit où il y a tant de femmes. La beauté de votre épouse étant telle que vous dites, ce sera des sujets de jalousie et de querelles, lesquelles je ne viendrai jamais à bout d'appaiser. Il ne faudra plus que je songe à mon office de foudroyant; j'en aurai assez de celui de médiateur pour le reste de mes jours. Mais ce n'est pas ce qui m'arrête le plus. Dès que Psyché sera Déesse il lui faudra des temples aussi bien qu'aux autres. L'augmentation de ce culte nous diminuera notre portion. Déja nous nous morfondons sur nos autels, tant ils sont froids et mal encensés. Cette qualité de Dieu deviendra à la fin si commune que les mortels ne se mettront plus en peine de l'honorer.

Que vous importe? reprit l'Amour : votre félicité dépend-elle du culte des hommes? qu'ils vous négligent,

Je me rends Psiché oubliez le mal que je vous ai fait.

qu'ils vous oublient, ne vivez-vous pas ici heureux et tranquille, dormant les trois quarts du temps, laissant aller les choses du monde comme elles peuvent, tonnant et grêlant lorsque la fantaisie vous en vient? Vous savez combien quelquefois nous nous ennuyons : jamais la compagnie n'est bonne s'il n'y a des femmes qui soient aimables. Cybele est vieille; Junon de mauvaise humeur; Cérès sent sa divinité de province, et n'a nullement l'air de la cour; Minerve est toujours armée; Diane nous rompt la tête avec sa trompe : on pourroit faire quelque chose d'assez bon de ces deux dernieres; mais elles sont si farouches qu'on ne leur oseroit dire un mot de galanterie. Pomone est ennemie de l'oisiveté et a toujours les mains rudes; Flore est agréable, je le confesse, mais son soin l'attache plus à la terre qu'à ces demeures; l'Aurore se leve de trop grand matin, on ne sait ce qu'elle devient tout le reste de la journée : il n'y a que ma mere qui nous réjouisse, encore a-t-elle toujours quelque affaire qui la détourne, et demeure une partie de l'année à Paphos, Cythere, ou Amathonte. Comme Psyché n'a aucun domaine, elle ne bougera de l'Olympe. Vous verrez que sa beauté ne sera pas un petit ornement pour votre cour. Ne craignez point que les autres lui portent envie : il y a trop d'inégalité entre ses charmes et les leurs. La plus intéressée c'est ma mere, qui y consent.

Jupiter se rendit à ces raisons, et accorda à l'Amour

ce qu'il demandoit. Il témoigna qu'il apportoit son consentement à l'apothéose par une petite inclination de tête qui ébranla légèrement l'univers, et le fit trembler seulement une demi-heure.

Aussitôt l'Amour fit mettre les cygnes à son char, descendit en terre, et trouva sa mere qui elle-même faisoit office de Grace autour de Psyché, non sans lui donner mille louanges et presque autant de baisers. Toute cette cour prit le chemin de l'Olympe, les Graces se promettant bien de danser aux noces.

Je n'en décrirai point la cérémonie, non plus que celle de l'apothéose : je décrirai encore moins les plaisirs de nos époux; il n'y a qu'eux seuls qui pussent être capables de les exprimer. Ces plaisirs leur eurent bientôt donné un doux gage de leur amour, une fille qui attira les Dieux et les hommes dès qu'on la vit. On lui a bâti des temples sous le nom de la Volupté.

O douce Volupté, sans qui, dès notre enfance,
Le vivre et le mourir nous deviendroient égaux;
Aimant universel de tous les animaux,
Que tu sais attirer avecque violence,
Par toi tout se meut ici bas.
C'est pour toi, c'est pour tes appas,
Que nous courons après la peine;
Il n'est soldat, ni capitaine,
Ni ministre d'état, ni prince, ni sujet,

Qui ne t'ait pour unique objet :
Nous autres nourrissons, si, pour fruit de nos veilles,
Un bruit délicieux ne charmoit nos oreilles,
Si nous ne nous sentions chatouillés de ce son,
Ferions-nous un mot de chanson?
Ce qu'on appelle *gloire* en termes *magnifiques*,
Ce qui servoit de prix dans les jeux olympiques,
N'est que toi proprement, divine Volupté.
Et le plaisir des sens n'est-il de rien compté?
Pourquoi sont faits les dons de Flore,
Le soleil couchant, et l'aurore,
Pomone et ses mets délicats,
Bacchus, l'ame des bons repas,
Les forêts, les eaux, les prairies,
Meres des douces rêveries;
Pourquoi tant de beaux arts, qui tous sont tes enfants
Mais pourquoi les Chloris aux appas triomphants,
Que pour maintenir ton commerce?
J'entends innocemment : sur son propre desir
Quelque rigueur que l'on exerce
Encore y prend-on du plaisir.

Volupté, Volupté, qui fus jadis maîtresse
Du plus bel esprit de la Grece,
Ne me dédaigne pas, viens-t'en loger chez moi;
Tu n'y seras pas sans emploi :
J'aime le jeu, l'amour, les livres, la musique,
La ville et la campagne, enfin tout; il n'est rien
Qui ne me soit souverain bien,

Jusqu'au sombre plaisir d'un cœur mélancolique.
Viens donc; et de ce bien, ô douce Volupté,
Veux-tu savoir au vrai la mesure certaine?
Il m'en faut tout au moins un siecle bien compté;
Car trente ans, ce n'est pas la peine.

Polyphile cessa de lire. Il n'avoit pas cru pouvoir mieux finir que par l'hymne de la Volupté, dont le dessein ne déplut pas tout-à-fait à ses trois amis.

Après quelques courtes réflexions sur les principaux endroits de l'ouvrage : Ne voyez-vous pas, dit Ariste, que ce qui vous a donné le plus de plaisir, ce sont les endroits où Polyphile a tâché d'exciter en vous la compassion?

Ce que vous dites est fort vrai, repartit Acante; mais je vous prie de considérer ce gris-de-lin, ce couleur d'aurore, cet orangé, et sur-tout ce pourpre qui environnent le roi des astres. En effet, il y avoit très long-temps que le soir ne s'étoit trouvé si beau. Le Soleil avoit pris son char le plus éclatant, et ses habits les plus magnifiques.

Il sembloit qu'il se fût paré
Pour plaire aux filles de Nérée :
Dans un nuage bigarré
Il se coucha cette soirée.
L'air étoit peint de cent couleurs :
Jamais parterre plein de fleurs
N'eut tant de sortes de nuances.

Aucune vapeur ne gâtoit
Par ses malignes influences
Le plaisir qu'Acante goûtoit.

On lui donna le loisir de considérer les dernieres beautés du jour : puis la lune étant en son plein, nos voyageurs et le cocher qui les conduisoit la voulurent bien pour leur guide.

FIN DES AMOURS DE PSYCHÉ.

ADONIS, POËME.

AVERTISSEMENT.

Il y a long-temps que cet ouvrage est composé; et peut-être n'en est-il pas moins digne de voir la lumiere. Quand j'en conçus le dessein, j'avois plus d'imagination que je n'en ai aujourd'hui. Je m'étois toute ma vie exercé en ce genre de poésie que nous nommons héroïque : c'est assurément le plus beau de tous, le plus fleuri, le plus susceptible d'ornements, et de ces figures nobles et hardies qui font une langue à part, une langue assez charmante pour mériter qu'on l'appelle la langue des Dieux. Le fonds que j'en avois fait, soit par la lecture des anciens, soit par celle de quelques uns de nos modernes, s'est presque entièrement consumé dans l'embellissement de ce poëme. Bien que l'ouvrage soit court, et qu'à proprement parler il ne mérite que le nom d'Idylle, en quelque rang qu'on le mette, il m'a semblé à propos de ne le point séparer de Psyché. Je joins aux amours du fils celles de la mere, et j'ose espérer que mon présent sera bien reçu. Nous sommes en un siecle où on écoute assez favorablement tout ce qui regarde cette famille. Pour moi, qui lui dois les plus doux moments que j'aie passés jusqu'ici, j'ai cru ne pouvoir moins faire que de célébrer ses aventures de la façon la plus agréable qu'il m'est possible.

ADONIS, POËME.

Je n'ai pas entrepris de chanter dans ces vers
Rome, ni ses enfants vainqueurs de l'univers,
Ni les fameuses tours qu'Hector ne put défendre,
Ni les combats des Dieux aux rives du Scamandre :
Ces sujets sont trop hauts, et je manque de voix;
Je n'ai jamais chanté que l'ombrage des bois,
Flore, Écho, les Zéphyrs et leurs molles haleines,
Le verd tapis des prés et l'argent des fontaines.
C'est parmi les forêts qu'a vécu mon héros;
C'est dans les bois qu'Amour a troublé son repos.
Ma muse en sa faveur de myrte s'est parée;
J'ai voulu célébrer l'amant de Cythérée,
Adonis, dont la vie eut des termes si courts,
Qui fut pleuré des Ris, qui fut plaint des Amours.
Aminte, c'est à vous que j'offre cet ouvrage;
Mes chansons et mes vœux, tout vous doit rendre hommage :

Trop heureux si j'osois conter à l'univers
Les tourments infinis que pour vous j'ai soufferts!
Quand vous me permettrez de chanter votre gloire;
Quand vos yeux, renommés par plus d'une victoire,
Me laisseront vanter le pouvoir de leurs traits,
Et l'empire d'Amour accru par vos attraits,
Je vous peindrai si belle et si pleine de charmes,
Que chacun bénira le sujet de mes larmes.
Voilà l'unique but où tendent mes souhaits.
Cependant recevez le don que je vous fais;
Ne le dédaignez pas : lisez cette aventure,
Dont, pour vous divertir, j'ai tracé la peinture.

Aux monts idaliens un bois délicieux
De ses arbres chenus semble toucher les cieux.
Sous ces ombrages verds loge la solitude.
Là, le jeune Adonis, exempt d'inquiétude,
Loin du bruit des cités, s'exerçoit à chasser,
Ne croyant pas qu'Amour pût jamais l'y blesser.
A peine son menton d'un fol duvet s'ombrage,
Qu'aux plus fiers animaux il montre son courage.
Ce n'est pas le seul don qu'il ait reçu des cieux :
Il semble être formé pour le plaisir des yeux.
Qu'ón ne nous vante point le ravisseur d'Hélene,
Ni celui qui jadis aimoit une ombre vaine,
Ni tant d'autres héros fameux par leurs appas;
Tous ont cédé le prix au fils de Cyniras.
Déja la Renommée, en naissant inconnue,
Nymphe qui cache enfin sa tête dans la nue,

Par un charmant récit amusant l'univers,
Va parler d'Adonis à cent peuples divers,
A ceux qui sont sous l'ourse, aux voisins de l'aurore,
Aux filles du Sarmate, aux pucelles du More.
Paphos sur ses autels le voit presque élever,
Et le cœur de Vénus ne sait où se sauver.
L'image du héros, qu'elle a toujours présente,
Verse au fond de son ame une ardeur violente :
Elle invoque son fils, elle implore ses traits,
Et tâche d'assembler tout ce qu'elle a d'attraits.
Jamais on ne lui vit un tel dessein de plaire;
Rien ne lui semble bien; les Graces ont beau faire.
Enfin, s'accompagnant des plus discrets Amours,
Aux monts idaliens elle dresse son cours.
Son char, qui trace en l'air de longs traits de lumiere,
A bientôt achevé l'amoureuse carriere.
Elle trouve Adonis près des bords d'un ruisseau;
Couché sur des gazons, il rêve, au bruit de l'eau.
Il ne voit presque pas l'onde qu'il considere :
Mais l'éclat des beaux yeux qu'on adore en Cythere
L'a bientôt retiré d'un penser si profond.
Cet objet le surprend, l'étonne et le confond;
Il admire les traits de la fille de l'onde.
Un long tissu de fleurs, ornant sa tresse blonde,
Avoit abandonné ses cheveux aux Zéphyrs;
Son écharpe, qui vole au gré de leurs soupirs,
Laisse voir les trésors de sa gorge d'albâtre.
Jadis en cet état Mars en fut idolâtre,
Quant aux champs de l'Olympe on célébra des jeux

Pour les Titans défaits par son bras valeureux.
Rien ne manque à Vénus, ni les lis, ni les roses,
Ni le mélange exquis des plus aimables choses,
Ni ce charme secret dont l'œil est enchanté,
Ni la grace, plus belle encor que la beauté.
Telle on vous voit, Aminte : une glace fidele
Vous peut de tous ces traits présenter un modele;
Et, s'il falloit juger de l'objet le plus doux,
Le sort seroit douteux entre Vénus et vous.
Tandis que le héros admire Cythérée,
Elle rend par ces mots son ame rassurée :
Trop aimable mortel, ne crains point mon aspect;
Que de la part d'Amour rien ne te sois suspect :
En ces lieux écartés c'est lui seul qui m'amene.
Le ciel est ma patrie, et Paphos mon domaine :
Je les quitte pour toi; vois si tu veux m'aimer.
Le transport d'Adonis ne se peut exprimer.
O Dieux ! s'écria-t-il, n'est-ce point quelque songe?
Puis-je embrasser l'erreur où ce discours me plonge?
Charmante déité, vous dois-je ajouter foi?
Quoi ! vous quittez les cieux, et les quittez pour moi !
Il me seroit permis d'aimer une immortelle !
Amour rend ses sujets tous égaux, lui dit-elle;
La beauté, dont les traits même aux dieux sont si doux,
Est quelque chose encor de plus divin que nous.
Nous aimons, nous aimons, ainsi que toute chose :
Le pouvoir de mon fils de moi-même dispose :
Tout est né pour aimer. Ainsi parle Vénus;
Et ses yeux éloquents en disent beaucoup plus,

Ils persuadent mieux que ce qu'a dit sa bouche.
Ses regards, truchements de l'ardeur qui la touche,
Sa beauté souveraine, et les traits de son fils,
Ont contraint Mars d'aimer : que peut faire Adonis?
Il aime, il sent couler un brasier dans ses veines;
Les plaisirs qu'il attend sont accrus par ses peines;
Il desire, il espere, il craint, il sent un mal
A qui les plus grands biens n'ont rien qui soit égal.
Vénus s'en apperçoit, et feint qu'elle l'ignore :
Tous deux de leur amour semblent douter encore;
Et, pour s'en assurer, chacun de ces amants
Mille fois en un jour fait les mêmes serments.
Quelles sont les douceurs qu'en ces bois ils goûterent!
O vous de qui les voix jusqu'aux astres monterent,
Lorsque par vos chansons tout l'univers charmé
Vous ouït célébrer ce couple bien aimé,
Grands et nobles esprits, chantres incomparables,
Mêlez parmi ces sons vos accords admirables.
Écho, qui ne tait rien, vous conta ces amours;
Vous les vîtes gravés au fond des antres sourds :
Faites que j'en retrouve au temple de Mémoire
Les monuments sacrés, source de votre gloire,
Et que, m'étant formé sur vos savantes mains,
Ces vers puissent passer aux derniers des humains.
Tout ce qui naît de doux en l'amoureux empire
Quand d'une égale ardeur l'un pour l'autre on soupire,
Et que, de la contrainte ayant banni les lois,
On se peut assurer au silence des bois,
Jours devenus moments, moments filés de soie,

Agréables soupirs, pleurs enfants de la joie,
Vœux, serments et regards, transports, ravissements,
Mélange dont se fait le bonheur des amants,
Tout par ce couple heureux fut lors mis en usage.
Tantôt ils choisissoient l'épaisseur d'un ombrage :
Là, sous des chênes vieux où leurs chiffres gravés
Se sont avec les troncs accrus et conservés,
Mollement étendus ils consumoient les heures,
Sans avoir pour témoins, en ces sombres demeures,
Que les chantres des bois, pour confidents qu'Amour
Qui seul guidoit leurs pas en cet heureux séjour.
Tantôt sur des tapis d'herbe tendre et sacrée
Adonis s'endormoit auprès de Cythérée,
Dont les yeux, enivrés par des charmes puissants,
Attachoient au héros leurs regards languissants.
Bien souvent ils chantoient les douceurs de leurs peines;
Et quelquefois assis sur le bord des fontaines,
Tandis que cent cailloux, luttant à chaque bond,
Suivoient les longs replis du crystal vagabond,
Voyez, disoit Vénus, ces ruisseaux et leur course;
Ainsi jamais le temps ne remonte à sa source :
Vainement pour les Dieux il fuit d'un pas léger;
Mais, vous autres mortels, le devez ménager,
Consacrant à l'Amour la saison la plus belle.
Souvent, pour divertir leur ardeur mutuelle,
Ils dansoient aux chansons, de Nymphes entourés.
Combien de fois la lune a leurs pas éclairés,
Et, couvrant de ses rais l'émail d'une prairie,
Les a vus à l'envi fouler l'herbe fleurie !

Combien de fois le jour a vu les antres creux
Complices des larcins de ce couple amoureux!
Mais n'entreprenons pas d'ôter le voile sombre
De ces plaisirs amis du silence et de l'ombre.
Il est temps de passer au funeste moment
Où la triste Vénus doit quitter son amant.
Du bruit de ses amours Paphos est alarmée :
On dit qu'au fond d'un bois la déesse charmée,
Inutile aux mortels, et sans soin de leurs vœux,
Renonce au culte vain de ses temples fameux.
Pour dissiper ce bruit, la reine de Cythere
Veut quitter pour un temps ce séjour solitaire.
Que ce cruel dessein lui causa de douleurs!
Un jour que son amant la voyoit tout en pleurs,
Déesse, lui dit-il, qui causez mes alarmes,
Quel ennui si profond vous oblige à ces larmes?
Vous aurois-je offensée? ou ne m'aimez-vous plus?
Ah! dit-elle, quittez ces soupçons superflus;
Adonis tâcheroit en vain de me déplaire :
Ces pleurs naissent d'amour, et non pas de colere.
D'un déplaisir secret mon cœur se sent atteint :
Il faut que je vous quitte, et le sort m'y contraint;
Il le faut. Vous pleurez! Du moins, en mon absence,
Conservez-moi toujours un cœur plein de constance;
Ne pensez qu'à moi seule; et qu'un indigne choix
Ne vous attache point aux Nymphes de ces bois :
Leurs fers après les miens ont pour vous de la honte.
Sur-tout de votre sang il me faut rendre compte.
Ne chassez point aux ours, aux sangliers, aux lions;

Gardez-vous d'irriter tous ces monstres félons :
Laissez les animaux qui, fiers et pleins de rage,
Ne cherchent leur salut qu'en montrant leur courage;
Les daims et les chevreuils, en fuyant devant vous,
Donneront à vos sens des plaisirs bien plus doux.
Je vous aime, et ma crainte a d'assez justes causes :
Il sied bien en amour de craindre toutes choses.
Que deviendrois-je, hélas! si le sort rigoureux
Me privoit pour jamais de l'objet de mes vœux!...
Là, se fondant en pleurs, on voit croître ses charmes.
Adonis lui répond seulement par des larmes.
Elle ne peut partir de ces aimables lieux;
Cent humides baisers achevent ses adieux.
O vous, tristes plaisirs où leur ame se noie,
Vains et derniers efforts d'une imparfaite joie,
Moments pour qui le sort rend leurs vœux superflus,
Délicieux moments, vous ne reviendrez plus!
Adonis voit un char descendre de la nue :
Cythérée y montant disparoît à sa vue.
C'est en vain que des yeux il la suit dans les airs;
Rien ne s'offre à ses sens que l'horreur des déserts.
Les vents, sourds à ses cris, renforcent leur haleine :
Tout ce qu'il vient de voir lui semble une ombre vaine.
Il appelle Vénus, fait retentir les bois,
Et n'entend qu'un écho qui répond à sa voix.
C'est lors que, repassant dans sa triste mémoire
Ce que naguere il eut de plaisirs et de gloire,
Il tâche à rappeler ce bonheur sans pareil :
Semblable à ces amants trompés par le sommeil,

Qui rappellent en vain pendant la nuit obscure
Le souvenir confus d'une douce imposture.
Tel Adonis repense à l'heur qu'il a perdu :
Il le conte aux forêts, et n'est point entendu.
Tout ce qui l'environne est privé de tendresse;
Et, soit que des douleurs la nuit enchanteresse
Plonge les malheureux au suc de ses pavots,
Soit que l'astre du jour ramene leurs travaux,
Adonis sans relâche aux plaintes s'abandonne;
De sanglots redoublés sa demeure résonne.
Cet amant toujours pleure, et toujours les Zéphyrs
En volant vers Paphos sont chargés de soupirs.
La molle oisiveté, la triste solitude,
Poisons dont il nourrit sa noire inquiétude,
Le livrent tout entier au vain ressouvenir
Qui le vient malgré lui sans cesse entretenir.
Enfin, pour divertir l'ennui qui le possede,
On lui dit que la chasse est un puissant remede.
Dans ces lieux pleins de paix, seul avecque l'amour
Ce plaisir occupoit les héros d'alentour.
Adonis les assemble, et se plaint de l'outrage
Que ces champs ont reçu d'un sanglier plein de rage.
Ce tyran des forêts porte par-tout l'effroi;
Il ne peut rien souffrir de sûr autour de soi :
L'avare laboureur se plaint à sa famille
Que sa dent a détruit l'espoir de la faucille :
L'un craint pour ses vergers, l'autre pour ses guérets;
Il foule aux pieds les dons de Flore et de Cérès :
Monstre énorme et cruel, qui souille les fontaines,

Qui fait bruire les monts, qui désole les plaines,
Et, sans craindre l'effort des voisins alarmés,
S'apprête à recueillir les grains qu'ils ont semés.
Tâcher de le surprendre est tenter l'impossible;
Il habite en un fort épais, inaccessible.
Tel on voit qu'un brigand fameux et redouté
Se cache après ses vols en un antre écarté,
Fait des champs d'alentour de vastes cimetieres,
Ravage impunément des provinces entieres,
Laisse gronder les lois, se rit de leur courroux,
Et ne craint point la mort, qu'il porte au sein de tous :
L'épaisseur des forêts le dérobe aux supplices.
C'est ainsi que le monstre a ces bois pour complices.
Mais le moment fatal est enfin arrivé
Où, malgré sa fureur, en son sang abreuvé,
Des dégâts qu'il a faits il va payer l'usure.
Hélas ! qu'il vendra cher sa mortelle blessure !
Un matin que l'Aurore au teint frais et riant
A peine avoit ouvert les portes d'orient,
La jeunesse voisine autour du bois s'assemble :
Jamais tant de héros ne s'étoient vus ensemble.
Anténor le premier sort des bras du sommeil,
Et vient au rendez-vous attendre le soleil;
La déesse des bois n'est point si matinale :
Cent fois il a surpris l'amante de Céphale;
Et sa plaintive épouse a maudit mille fois
Les veneurs et les chiens, le gibier et les bois.
Il est bientôt suivi du satrape Alcamene,
Dont le long attirail couvre toute la plaine.

C'est en vain que ses gens se sont chargés de rets;
Leur nombre est assez grand pour ceindre les forêts.
On y voit arriver Bronte au cœur indomtable,
Et le vieillard Capys, chasseur infatigable,
Qui, depuis son jeune âge ayant aimé les bois,
Rend et chiens et veneurs attentifs à sa voix.
Si le jeune Adonis l'eût aussi voulu croire,
Il n'auroit pas sitôt traversé l'onde noire.
Comment l'auroit-il cru, puisqu'en vain ses amours
L'avoient sollicité d'avoir soin de ses jours?
Par le beau Callion la troupe est augmentée.
Gilipe vient après, fils du riche Acantée.
Le premier, pour tous biens, n'a que les dons du corps;
L'autre, pour tous appas, possede des trésors.
Tous deux aiment Chloris, et Chloris n'aime qu'elle :
Ils sont pourtant parés des faveurs de la belle.
Phlegre accourt, et Mimas, Palmire aux blonds cheveux,
Le robuste Crantor aux bras durs et nerveux,
Le Lycien Télame, Agénor de Carie,
Le vaillant Triptoleme honneur de la Syrie,
Paphe expert à lutter, Mopse à lancer le dard,
Lycaste, Palémon, Glauque, Hilus, Amilcar;
Cent autres que je tais, troupe épaisse et confuse :
Mais peut-on oublier la charmante Aréthuse,
Aréthuse au teint vif, aux yeux doux et perçants,
Qui pour le blond Palmire a des feux innocents?
On ne l'instruisit point à manier la laine;
Courir dans les forêts, suivre un cerf dans la plaine,
Ce sont tous ses plaisirs : heureuse si son cœur

Eût pu se garantir d'amour comme de peur!
On la voit arriver sur un cheval superbe
Dont à peine les pas sont imprimés sur l'herbe;
D'une charge si belle il semble glorieux :
Et, comme elle, Adonis attire tous les yeux :
D'une fatale ardeur déja son front s'allume;
Il marche avec un air plus fier que de coutume.
Tel Apollon marchoit, quand l'énorme Python
L'obligea de quitter l'ombre de l'Hélicon.
Par l'ordre de Capys la troupe se partage.
De tant de gens épars le nombreux équipage,
Leurs cris, l'aboi des chiens, les cors mêlés de voix,
Annoncent l'épouvante aux hôtes de ces bois :
Le ciel en retentit, les échos se confondent,
De leurs palais voûtés tous ensemble ils répondent.
Les cerfs au moindre bruit à se sauver si prompts,
Les timides troupeaux des daims aux larges fronts
Sont contraints de quitter leurs demeures secretes :
Le bois n'a plus pour eux d'assez sombres retraites.
On court dans les sentiers, on traverse les forts;
Chacun, pour les percer, redouble ses efforts.
 Au fond du bois croupit une eau dormante et sale :
Là, le monstre se plaît aux vapeurs qu'elle exhale;
Il s'y vautre sans cesse, et chérit un séjour
Jusqu'alors ignoré des mortels et du jour.
On ne l'en peut chasser; du souci de sa vie
Bien plus à sa valeur qu'à sa fuite il se fie.
Les cors ont beau sonner, l'air a beau retentir;
Rien ne sauroit encor l'obliger à partir.

Cependant les destins hâtent sa derniere heure.
Dryope la premiere évente sa demeure :
Les autres chiens, par elle aussitôt avertis,
Répondent à sa voix, frappent l'air de leurs cris,
Entraînent les chasseurs, abandonnent leur quête;
Toute la meute accourt, et vient lancer la bête,
S'anime en la voyant, redouble son ardeur :
Mais le fier animal n'a point encor de peur.
Le coursier d'Adonis, né sur les bords du Xanthe,
Ne peut plus retenir son ardeur violente :
Une jument d'Ida l'engendra d'un des vents;
Les forêts l'ont nourri pendant ses premiers ans.
Il ne craint point des monts les puissantes barrieres,
Ni l'aspect étonnant des profondes rivieres,
Ni le penchant affreux des rocs et des vallons;
D'haleine en le suivant manquent les aquilons.
Adonis le retient pour mieux suivre la chasse.
Enfin le monstre est joint par deux chiens dont la race
Vient du vîte Lélaps, qui fut l'unique prix
Des larmes dont Céphale appaisa sa Procris :
Ces deux chiens sont Mélampe et l'ardente Sylvage.
Leur sort fut différent, mais non pas leur courage :
Par l'homicide dent Mélampe est mis à mort;
Sylvage au poil de tigre attendoit même sort,
Lorsque l'un des chasseurs se présente à la bête.
Sur lui tourne aussitôt l'effort de la tempête :
Il connoit, mais trop tard, qu'il s'est trop avancé;
Son visage pâlit, son sang devient glacé;
L'image du trépas en ses yeux est empreinte;

Sur le teint des mourants la mort n'est pas mieux peinte.
Sa peur est pourtant vaine, et, sans être blessé,
Du monstre qui le heurte il se sent terrassé.
Nisus, ayant cherché son salut sur un arbre,
Rit de voir ce chasseur plus froid que n'est un marbre :
Mais lui-même a sujet de trembler à son tour.
Le sanglier coupe l'arbre; et les lieux d'alentour
Résonnent du fracas dont sa chûte est suivie :
Nisus encore en l'air fait des vœux pour sa vie.
Conterai-je en détail tant de puissants efforts,
Des chiens et des chasseurs les différentes morts,
Leurs exploits avec eux cachés sous l'ombre noire?
Seules vous le savez, ô filles de Mémoire :
Venez donc m'inspirer; et, conduisant ma voix,
Faites-moi dignement célébrer ces exploits.
Deux lices d'Anténor, Lycoris et Niphale,
Veulent qu'aux yeux de tous leur ardeur se signale.
Le vieux Capys lui-même eut soin de les dresser :
Au sanglier l'une et l'autre est prête à se lancer.
Un mâtin les devance et se jette en leur place;
C'est Phlégon, qui souvent aux loups donne la chasse.
Armé d'un fort collier qu'on a semé de clous,
A l'oreille du monstre il s'attache en courroux :
Mais il sent aussitôt le redoutable ivoire;
Ses flancs sont décousus, et, pour comble de gloire,
Il combat en mourant, et ne veut point lâcher
L'endroit où sur le monstre il vient de s'attacher.
Cependant le sanglier passe à d'autres trophées :
Combien voit-on sous lui de trames étouffées!

Combien en coupe-t-il ! Que d'hommes terrassés !
Que de chiens abattus, mourants, morts et blessés !
Chevaux, arbres, chasseurs, tout éprouve sa rage.
Tel passe un tourbillon messager de l'orage ;
Telle descend la foudre, et d'un soudain fracas
Brise, brûle, détruit, met les rochers à bas.
Crantor d'un bras nerveux lance un dard à la bête :
Elle en frémit de rage, écume, et tourne tête,
Et son poil hérissé semble de toutes parts
Présenter au chasseur une forêt de dards.
Il n'en a point pourtant le cœur touché de crainte.
Par deux fois du sanglier il évite l'atteinte ;
Deux fois le monstre passe, et ne brise en passant
Que l'épieu dont Crantor se couvre en cet instant.
Il revient au chasseur : la fuite est inutile ;
Crantor aux environs n'apperçoit point d'asyle :
En vain du coup fatal il veut se détourner ;
Ne pouvant que mourir, il meurt sans s'étonner.
Pour punir son vainqueur toute la troupe approche ;
L'un lui présente un dard, l'autre un trait lui décoche :
Le fer, ou se rebouche, ou ne fait qu'entamer
Sa peau que d'un poil dur le ciel voulut armer.
Il se lance aux épieux, il prévient leur atteinte ;
Plus le péril est grand, moins il montre de crainte.
C'est ainsi qu'un guerrier pressé de toutes parts
Ne songe qu'à périr au milieu des hasards :
De soldats entassés son bras jonche la terre :
Il semble qu'en lui seul se termine la guerre :
Certain de succomber, il fait pourtant effort,

Non pour ne point mourir, mais pour venger sa mort.
Tel et plus valeureux le monstre se présente.
Plus le nombre s'accroît, plus sa fureur s'augmente :
L'un a les flancs ouverts, l'autre les reins rompus;
Il mâche et foule aux pieds ceux qui sont abattus.
La troupe des chasseurs en devient moins hardie :
L'ardeur qu'ils témoignoient est bientôt refroidie.
Palmire toutefois s'avance malgré tous :
Ce n'est pas du sanglier que son cœur craint les coups,
Aréthuse lui fut jadis plus redoutable;
Jadis sourde à ses vœux, mais alors favorable,
Elle voit son amant poussé d'un beau desir,
Et le voit avec crainte autant qu'avec plaisir.
Quoi! mes bras, lui dit-il, sont conduits par les vôtres,
Et vous me verriez fuir aussi bien que les autres!
Non, non; pour redouter le monstre et son effort,
Vos yeux m'ont trop appris à mépriser la mort.
Il dit, et ce fut tout : l'effet suit la parole;
Il ne va pas au monstre, il y court, il y vole,
Tourne de tous côtés, esquive en l'approchant,
Hausse le bras vengeur, et d'un glaive tranchant
S'efforce de punir le monstre de ses crimes.
Sa dent alloit d'un coup s'immoler deux victimes :
L'une eût senti le mal que l'autre en eût reçu,
Si son cruel espoir n'eût point été déçu.
Entre Palmire et lui l'Amazone se lance :
Palmire craint pour elle, et court à sa défense.
Le sanglier ne sait plus sur qui d'eux se venger;
Toutefois à Palmire il porte un coup léger;

Léger pour le héros, profond pour son amante.
On l'emporte; elle suit inquiete et tremblante.
Le coup est sans danger; cependant les esprits,
En foule avec le sang de leurs prisons sortis,
Laissent faire à Palmire un effort inutile.
Il devient aussitôt pâle, froid, immobile;
Sa raison n'agit plus, son œil se sent voiler :
Heureux s'il pouvoit voir les pleurs qu'il fait couler!
La moitié des chasseurs, à le plaindre employée,
Suit la triste Aréthuse en ses larmes noyée.

Non loin de cet endroit un ruisseau fait son cours;
Adonis s'y repose après mille détours.
Les Nymphes, de qui l'œil voit les choses futures,
L'avoient fait égarer en des routes obscures.
Le son des cors se perd par un charme inconnu;
C'est en vain que leur bruit à ses sens est venu.
Ne sachant où porter sa course vagabonde,
Il s'arrête en passant au crystal de cette onde.
Mais les Nymphes ont beau s'opposer aux destins,
Contre un ordre fatal tous leurs charmes sont vains.
Adonis en ce lieu voit apporter Palmire;
Ce spectacle l'émeut, et redouble son ire :
A tarder plus long-temps on ne peut l'obliger;
Il regarde la gloire, et non pas le danger.
Il part, se fait guider, rencontre le carnage.
Cependant le sanglier s'étoit fait un passage;
Et, courant vers son fort, il se lançoit par fois
Aux chiens qui dans le ciel poussoient de vains abois.
On ne l'ose approcher; tous les traits qu'on lui lance,

Étant poussés de loin, perdent leur violence.
Le héros seul s'avance, et craint peu son courroux :
Mais Capys l'arrêtant, s'écrie : Où courez-vous?
Quelle bouillante ardeur au péril vous engage?
Il est besoin de ruse, et non pas de courage.
N'avancez pas, fuyez; il vient à vous, ô Dieux!
Adonis, sans répondre, au ciel leve les yeux.
Déesse, ce dit-il, qu'adore ma pensée,
Si je cours au péril, n'en sois point offensée;
Guide plutôt mon bras, redouble son effort;
Fais que ce trait lancé donne au monstre la mort.
A ces mots dans les airs le trait se fait entendre;
A l'endroit où le monstre a la peau le plus tendre
Il en reçoit le coup, se sent ouvrir les flancs,
De rage et de douleur frémit, grince les dents,
Rappelle sa fureur, et court à la vengeance.
Plein d'ardeur et léger, Adonis le devance.
On craint pour le héros; mais il sait éviter
Les coups qu'à cet abord la dent lui veut porter.
Tout ce que peut l'adresse étant jointe au courage,
Ce que pour se venger tente l'aveugle rage,
Se fit lors remarquer par les chasseurs épars.
Tous ensemble au sanglier voudroient lancer leurs dards;
Mais peut-être Adonis en recevroit l'atteinte.
Du cruel animal ayant chassé la crainte,
En foule ils courent tous droit aux fiers assaillants.
Courez, courez, chasseurs un peu trop tard vaillants;
Détournez de vos noms un éternel reproche;
Vos efforts sont trop lents, déja le coup approche.

Que n'en ai-je oublié les funestes moments!
Pourquoi n'ont pas péri ces tristes monuments?
Faut-il qu'à nos neveux j'en raconte l'histoire?
Enfin de ces forêts l'ornement et la gloire,
Le plus beau des mortels, l'amour de tous les yeux,
Par le vouloir du sort ensanglante ces lieux.
Le cruel animal s'enferre dans ses armes,
Et d'un coup aussitôt il détruit mille charmes.
Ses derniers attentats ne sont pas impunis;
Il sent son cœur percé de l'épieu d'Adonis,
Et, lui poussant au flanc sa défense cruelle,
Meurt, et porte en mourant une atteinte mortelle.
D'un sang impur et noir il purge l'univers.
Ses yeux d'un somme dur sont pressés et couverts;
Il demeure plongé dans la nuit la plus noire;
Et le vainqueur à peine a connu sa victoire,
Joui de la vengeance et goûté ses transports,
Qu'il sent un froid démon s'emparer de son corps.
De ses yeux si brillants la lumiere est éteinte;
On ne voit plus l'éclat dont sa bouche étoit peinte,
On n'en voit que les traits; et l'aveugle trépas
Parcourt tous les endroits où régnoient tant d'appas.
Ainsi l'honneur des prés, les fleurs, présent de Flore,
Filles du blond Soleil et des pleurs de l'Aurore,
Si la faux les atteint, perdent en un moment
De leurs vives couleurs le plus rare ornement.
La troupe des chasseurs, au héros accourue,
Par des cris redoublés lui fait ouvrir la vue :
Il cherche encore un coup la lumiere des cieux;

Il pousse un long soupir, il referme les yeux;
Et le dernier moment qui retient sa belle ame
S'emploie au souvenir de l'objet qui l'enflamme.
On fait pour l'arrêter des efforts superflus;
Elle s'envole aux airs, le corps ne la sent plus.
Prêtez-moi des soupirs, ô vents, qui sur vos ailes
Portâtes à Vénus de si tristes nouvelles.
Elle accourt aussitôt, et, voyant son amant,
Remplit les environs d'un vain gémissement.
Telle sur un ormeau se plaint la tourterelle,
Quand l'adroit giboyeur a, d'une main cruelle,
Fait mourir à ses yeux l'objet de ses amours;
Elle passe à gémir et les nuits et les jours,
De moment en moment renouvelant sa plainte,
Sans que d'aucun remords la Parque soit atteinte.
Tout ce bruit, quoique juste, au vent est répandu;
L'enfer ne lui rend point le bien qu'elle a perdu :
On ne le peut fléchir; les cris dont il est cause
Ne font point qu'à nos vœux il rende quelque chose.
Vénus l'implore en vain par de tristes accents;
Son désespoir éclate en regrets impuissants;
Ses cheveux sont épars, ses yeux noyés de larmes;
Sous d'humides torrents ils resserrent leurs charmes :
Comme on voit au printemps les beautés du soleil
Cacher sous des vapeurs leur éclat sans pareil.
Après mille sanglots enfin elle s'écrie :
Mon amour n'a donc pu te faire aimer la vie!
Tu me quittes, cruel! Au moins ouvre les yeux;
Montre-toi plus sensible à mes tristes adieux;

Vois de quelles douleurs ton amante est atteinte.
Hélas! j'ai beau crier, il est sourd à ma plainte :
Une éternelle nuit l'oblige à me quitter;
Mes pleurs ni mes soupirs ne peuvent l'arrêter.
Encor si je pouvois le suivre en ces lieux sombres!
Que ne m'est-il permis d'errer parmi les ombres!
Destins, si vous vouliez le voir sitôt périr,
Falloit-il m'obliger à ne jamais mourir?
Malheureuse Vénus, que te servent ces larmes?
Vante-toi maintenant du pouvoir de tes charmes :
Ils n'ont pu du trépas exempter tes amours;
Tu vois qu'ils n'ont pu même en prolonger les jours.
Je ne demandois pas que la Parque cruelle
Prît à filer leur trame une peine éternelle;
Bien loin que mon pouvoir l'empêchât de finir,
Je demande un moment, et ne puis l'obtenir.
Noires divinités du ténébreux empire,
Dont le pouvoir s'étend sur tout ce qui respire,
Rois des peuples légers, souffrez que mon amant
De son triste départ me console un moment.
Vous ne le perdrez point; le trésor que je pleure
Ornera tôt ou tard votre sombre demeure.
Quoi! vous me refusez un présent si léger!
Cruels, souvenez-vous qu'Amour m'en peut venger.
Et vous, antres cachés, favorables retraites,
Où nos cœurs ont goûté des douceurs si secretes,
Grottes, qui tant de fois avez vu mon amant
Me raconter des yeux son fidele tourment,
Lieux amis du repos, demeures solitaires,

Qui d'un trésor si rare étiez dépositaires,
Déserts, rendez-le moi : deviez-vous avec lui
Nourrir chez vous le monstre auteur de mon ennui?
Vous ne répondez point. Adieu donc, ô belle ame;
Emporte chez les morts ce baiser tout de flamme :
Je ne te verrai plus; adieu, cher Adonis.
Ainsi Vénus cessa. Les rochers, à ses cris
Quittant leur dureté, répandirent des larmes :
Zéphyre en soupira : le jour voila ses charmes;
D'un pas précipité sous les eaux il s'enfuit,
Et laissa dans ces lieux une profonde nuit.

FIN.

ACHEVÉ D'IMPRIMER

POUR

THÉOPHILE BELIN, LIBRAIRE

Le 31 Décembre 1899

PAR

MM. CHAMEROT ET RENOUARD

Les Estampes ont été imprimées en couleurs

PAR

M. GENY-GROS

www.ingramcontent.com/pod-product-compliance
Lightning Source LLC
LaVergne TN
LVHW050536100826
845148LV00002B/574